Hans Nirrnheim

Hamburg und Ostfriesland in der ersten Hälfte des 15. Jahrhunderts

Ein Beitrag zur hansisch-friesischen Geschichte

Hans Nirrnheim

Hamburg und Ostfriesland in der ersten Hälfte des 15. Jahrhunderts
Ein Beitrag zur hansisch-friesischen Geschichte

ISBN/EAN: 9783743392946

Hergestellt in Europa, USA, Kanada, Australien, Japan

Cover: Foto ©ninafisch / pixelio.de

Weitere Bücher finden Sie auf **www.hansebooks.com**

Hamburg und Ostfriesland

in der

erften Hälfte des 15. Jahrhunderts.

Ein Beitrag zur hanfifch - friefifchen Gefchichte.

Von

Dr. Hans Nirrnheim.

Hamburg.
Otto Meißner.
1890.

Meinen Eltern.

131392

Vorwort.

In seiner Rede, mit der er am 20. Juni 1839 die historische Sektion des Vereins für hamburgische Geschichte eröffnete, sagte Johann Martin Lappenberg: „Arbeiten über ältere Verhältnisse, welche sich für die Bearbeitung durch Einzelne mehr eignen und zu denen reiches Material vorhanden ist, sind Monographien über Hamburgs Verhältnisse zu Ostfriesland" etc. (Zeitschr. d. V. f. hamb. Gesch. I p. 55).

Es sollte lange Zeit vergehen, ehe man diese hamburgisch-friesischen Beziehungen genauer ins Auge faßte. Erst nachdem in den letzten Jahren durch Friedländers ostfriesisches Urkundenbuch, durch die Herausgabe der Hanserecesse und durch Koppmanns Kämmereirechnungen das vorhandene Material übersichtlich vor Augen geführt ist, ist es möglich geworden, der Aufgabe näher zu treten. Besonders ist dieses geschehen durch v. Bippen in den Jahrgängen 1883 und 84 der hansischen Geschichtsblätter, ferner durch Koppmann im 6. Bande der Mittheilungen des Vereins für hamburgische Geschichte.

Eine eingehende Darstellung der Ereignisse in der ersten Hälfte des 15. Jahrhunderts, in welche die Anfänge und der Höhepunkt der gegenseitigen Beziehungen fallen, fehlte indeß noch. Sie zu liefern, soll in den folgenden Blättern, die als Straßburger Dissertation entstanden, versucht werden.

Was die Quellen betrifft, so mußten vornehmlich die in den oben bezeichneten Werken niedergelegten Akten, Briefe und Rechnungsablagen in Betracht kommen. Daneben aber waren doch auch die Chroniken, die hansischen sowol wie die friesischen, nicht außer Acht zu lassen. Von den letzteren war besonders Emmius heranzuziehen. Für die hier behandelte Periode wenigstens kann ich durchaus nicht dem harten Urtheil beistimmen, welches Möhlmann in seiner Kritik der friesischen Geschichtsschreibung über diesen Mann gefällt hat. Sehr oft, wo ich seine Berichte mit urkundlichen Nachrichten vergleichen konnte, erwies' er sich als vollkommen zuverlässig; besonders hinsichtlich der Verhältnisse Groningens, dessen Archiv er fleißig benutzt hat, wird man ihm im Allgemeinen durchaus trauen dürfen. Geringeren Werth hatte neben ihm Beninga. Einige schätzenswerthe Nachrichten fanden sich in einer bei Ehrentraut, fries. Archiv I gedruckten, Chronik. Von den neueren Darstellungen habe ich die ungemein fleißige und noch immer höchst werthvolle friesische Geschichte von Wiarda dankbar benutzt, während Klopps friesische Geschichte kaum nennenswerthe Hülfe leistete.

Von den benutzten hansischen Chronisten sind Korner, Tratziger, Rynesberch und Schene hervorzuheben, von neueren Darstellungen der schon erwähnte Aufsatz Bippens im Jahrgang 1883 der hansischen Geschichtsblätter, dessen Anfang einen kurzen Ueberblick über die hier behandelte Epoche bietet.

Für das 2. Kapitel des 2. Abschnittes konnte ich außerdem im hamburgischen Staatsarchiv liegende Kriegsrechnungen verwenden, auf die mich Herr Professor Dr. Freiherr von der Ropp in Gießen, dem ich überhaupt durch die gütige Vermittlung meines Lehrers, Herrn Professor Dr. Scheffer=Boichorst, die Anregung zu dieser Arbeit verdanke, freundlichst aufmerksam machte. Ihm, sowie dem hamburgischen Staatsarchivar, Herrn Senatssekretär Dr. Beneke und dem Archivregistrator Herrn Meyer, endlich der Verwaltung der Kaiserlichen Universitäts- und Landesbibliothek zu Straßburg spreche ich für ihr Entgegenkommen meinen besten Dank aus.

Vor Allen aber gebührt hier, an der Spitze meiner Erstlingsarbeit, der wärmste Dank meinen hochverehrten Lehrern, Herrn Professor Dr. Scheffer=Boichorst und Herrn Professor Dr. Baumgarten für die Liebe, mit der sie meine historischen Studien geleitet haben.

Hamburg, im März 1890.

Hans Nirrnheim.

Inhalt.

Verzeichniß der abgekürzt citirten Werke.

Ben. = Beninga, Chronyk von Oostfrieslant. Emden 1723.

Bippen = v. Bippen, Erhebung Ostfrieslands zur Reichsgrafschaft. Hansische Geschichtsblätter. Jahrg. 1883.

Detmar = Chronik Detmars bei Grautoff, lübeckische Chroniken in niederdeutscher Sprache.

Emm. = Emmius, Rerum Frisicarum historia. Leyden 1616.

Friedl. = Friedländer, Ostfriesisches Urkundenbuch.

K. H. R. = Koppmann, Hanserecesse.

K. K. R. = Koppmann, Kämmereirechnungen der Stadt Hamburg.

K. R. = Kriegsrechnungen. Handschrift aus dem hamburgischen Staatsarchiv.

Klopp = Klopp, Geschichte Ostfrieslands.

Korner = Korneri Chronicon in Eccard, corpus historicum medii aevi II.

Richthofen = Richthofen, Untersuchungen über friesische Rechtsgeschichte.

R. H. R. = v. d. Ropp, Hanserecesse.

Rynesberch und Schene = R. und Sch., bremische Chronik bei Lappenberg, Geschichtsquellen des Erzstiftes und der Stadt Bremen p. 55 ff.

Rufus = Auszüge aus der Chronik des Rufus bei Grautoff, lübeckische Chroniken in niederdeutscher Sprache II, p. 457 ff.

Schäfer = Schäfer, die Hansestädte und König Waldemar von Dänemark.

Schwartzenberg = Schwartzenberg, Groot Placaat en Charterboek I.

Tratziger = Tratziger, hamburgische Chronik ed. Lappenberg.

Wiarda = Wiarda, Ostfriesische Geschichte.

Wolter = Wolteri archiepiscopatus Bremensis Chronicon in Meibom, Rerum Germanicarum tom. II.

Druckfehler.

Seite 4 Zeile 29 setze hinter kam ein Kolon.
„ 4 „ 33 setze hinter ablassen ein Kolon.
„ 71 „ 6 lies jedes statt jede.

Einleitung.

Das Ende des 14. Jahrhunderts bedeutet für die Hanse den Anfang ihrer Blüthezeit[1]). Siegreich waren die Städte aus den langwierigen und blutigen Kriegen mit König Waldemar von Dänemark hervorgegangen, der Stralsunder Friede vom Jahre 1370 gab ihnen die Frucht ihres langjährigen Ringens, gab ihnen das politische Uebergewicht im Norden[2]). Mächtig und achtunggebietend stand der Bund der Städte, der in der gemeinsamen Gefahr des dänischen Krieges eigentlich erst zu einer Einheit geworden war[3]), nun da, bestrebt, den gewonnenen Einfluß zu bewahren und auszubreiten. Dieses Streben war von Erfolg: nicht nur in den skandinavischen Reichen, sondern auch in den übrigen Ländern ihres Wirkungskreises, in England, Flandern, Rußland stieg das Ansehen der Hanse.

Kein Wunder, daß, je weiter sich so der Einfluß der Städte ausbreitete, je zahlreicher ihre reichbeladenen Schiffe das Meer bevölkerten, je höher ihre Ansprüche stiegen, auch desto mehr Mißgunst, Habgier, Haß sich ihnen gegenüber erhob und sie zu schädigen suchte! Zahllos, und oft recht ernsthaft

---

[1]) Vgl. für das Folgende Schäfer p. 557 ff.
[2]) Schäfer p. 504 ff.
[3]) Von großer Bedeutung war in dieser Hinsicht die Kölner Conföderation 1367. Schäfer p. 431 ff, 559 ff.

1

sind die Fehden, die die Städte, bald in größeren, bald in kleineren Gruppen, bald mit dem Schwerte, bald in Verhand=
lungen, durchzufechten hatten. Nicht die unbedeutendste der=
selben war die, in welche die Hanse um die Wende des 14. Jahrhunderts mit Ostfriesland verwickelt wurde, und die sich bis in die Mitte, ja bis ans Ende des 15. Jahrhunderts hinzog. Manche Fehden mögen gefährlicher für den Bund, manche blutiger gewesen sein: keine aber zeigt wol in ihrem Verlaufe einen nach mancher Richtung hin so eigenartigen Charakter: eigenartig dadurch, daß sie, anfangs von der Mehrzahl der Städte gefördert, schließlich einer einzelnen Stadt, Hamburg, fast allein zur Last fiel; eigenartig dadurch, daß eben diese Stadt es nicht bei der bloßen Fehde bewenden ließ, sondern versuchte, und eine zeitlang mit Erfolg, sich zur Herrin des ostfriesischen Landes zu machen; eigenartig endlich auch durch die Wirkung, die dieses Unternehmen auf die fernere Gestaltung und Entwicklung Ostfrieslands hatte.

Die Beziehungen der Hanse zu Ostfriesland waren von Wichtigkeit, seitdem Lübeck und Hamburg die Zwischenstationen bildeten auf dem Handelswege, der von Rußland nach dem Westen, namentlich dem großen Weltmarkt Brügge, führte[1]); denn der Seeweg von Hamburg nach Flandern lief an der friesischen Küste vorbei. Ein friedliches Verhältniß zu der dortigen Bevölkerung lag daher im Interesse der Städte. Lange hat ein solches im Wesentlichen ohne Zweifel bestanden, denn nur ganz vereinzelt hören wir in den früheren Perioden der hansischen Geschichte von Streitigkeiten, die noch dazu einen ziemlich harmlosen Charakter tragen[2]); häufiger dagegen begegnen uns Verträge, die die Städte Hamburg und Bremen zur Sicherung des Verkehrs mit einzelnen Theilen Frieslands abschlossen[3]).

---

[1]) Schäfer p. 188.
[2]) Z. B. Friedl. I. 52, 62, 64, 73.
[3]) Das. 23, 26, 28, 29, 40, 41 ꝛc.

Diese vorwiegend frieblichen Beziehungen erlitten am Ende des 14. Jahrhunderts einen Stoß, und es bildete sich nun ein immer schärfer werdender Gegensatz aus.

Friesland zerfiel damals in brei größere Theile: der westliche war im Wesentlichen vom Grafen von Holland abhängig, in bem mittleren, zwischen Laubach und Ems, nahm die Stadt Groningen eine herrschende Stellung ein, der östliche, mit dem wir es hier vornehmlich zu thun haben, zerfiel in eine Reihe von einzelnen selbständigen Landschaften[1]). Längst hatte man hier, in Ostfriesland, die alte Grafengewalt, die im 9. und 10. Jahrhundert erblich in die Hände benachbarter Herrn gekommen war, so gut wie ganz abgeschüttelt; die einzelnen Gaue hatten sich im 13. Jahrhundert verbunden zu Gemeinden, und an ihre Spitze eine Anzahl von Consuln oder Richtern gestellt, die statt der alten Gauversammlung Recht sprachen[2]). Jetzt, am Ende des 14. Jahrhunderts, tauchen neue Gewalten in ben Landschaften auf: einzelnen Grundbesitzern aus alten eblen Geschlechtern gelingt es, sich als Häuptlinge an die Spitze größerer ober kleinerer Gemeinden zu setzen, und sich eine unabhängige Stellung zu sichern[3]): nicht zum Segen bes Landes, bas baburch ein Schauplatz fortwährender innerer Fehden und Kämpfe wurde. Strebte boch jeder dieser Häuptlinge balb banach, seine Macht zu vergrößern, suchte boch der größere, Herr zu werden über die kleineren und seinen Einfluß in ganz Ostfriesland geltend zu machen! Darum handelte es sich in der That balb in biesem hin und her wogenden Kampf der Rivalen, wer als Herrscher Ostfrieslands aus demselben hervorgehen würde.

In biesen Fehden, in benen, wie natürlich, auf äußere Machtmittel mindestens ebensoviel ankam, wie auf persönliche Tüchtigkeit, suchte ein jeder sich zu stärken, wie er konnte, sei

---

[1]) Richthofen I, p. 6.
[2]) Daf. p. 5.
[3]) Daf. p. 7.

es auch auf die verwerflichste Weise. Und eben hierin liegt wol zunächst das feindselige Verhältniß begründet, das in dieser Zeit zwischen den Städten und Ostfriesland sich zu ent= wickeln begann. Denn die reichen Schiffe, die an der Küste Frieslands entlang segelten, mußten ein unwiderstehliches Verlangen in jenen machtbegierigen, nicht eben von der Natur mit einem peinlichen Gewissen begabten Häuptlingen wach rufen, sich auf Kosten derselben die für ihre Zwecke unent= behrlichen Mittel zu verschaffen. Noch eins kam hinzu. Eben in jener Zeit nahm das Seeräuberhandwerk überhaupt einen großartigen Aufschwung, und die ostfriesischen Häuptlinge ver= schmähten es nicht, solche Seeräuber von Beruf, die sich gern fremden Gewalten zur Verfügung stellten, in ihre Dienste zu nehmen, um sie gegen ihre Rivalen sowol als gegen die han= sischen Schiffe zu gebrauchen. Gewiß waren in früheren Zeiten auch Seeräubereien von Friesland aus vorgekommen, gewiß hatte man sich hier und da an hansischem Gut ver= griffen: die große Änderung lag darin, daß jetzt ein plan= mäßiger, von den Häuptlingen des Landes mit bestimmter Tendenz betriebener Seeraub ins Leben trat. Hatten jene vereinzelten Fälle den Frieden nicht dauernd stören können, dieser planmäßige Seeraub mußte zu ernsten Zusammenstößen führen.

Ihrer Lage gemäß waren vor allen anderen Städten Bremen und Hamburg berufen, in diesen Kämpfen eine Rolle zu spielen. Bremen griff hauptsächlich in die Verhältnisse des östlichen Theiles von Ostfriesland ein, von wo den aus der Weser in die Nordsee fahrenden Schiffen der größte Schaden kam. Hamburg lag es zunächst ob, dem an der Westküste herrschenden Unwesen zu steuern; Bremen suchte in den öst= lichen Landschaften eine herrschende Stellung zu erreichen, mußte aber nach vergeblichen Anstrengungen von diesem Streben ablassen. Hamburg gelang es, im Westen dauernden Einfluß zu gewinnen, denselben über ganz Ostfriesland aus=

zubreiten und eine Zeit lang zu behaupten. Wie Hamburg dazu gelangte, wie es kam, daß diese Stadt mehr und mehr in die friesischen Verhältnisse verwickelt wurde und daran denken konnte, eine Herrschaft auf ostfriesischem Boden zu begründen, wie sie dann endlich doch die neugewonnene Stellung nach Verlauf zweier Decennien wieder aufgeben mußte: das zu verfolgen soll hier versucht werden. Wir werden dabei ausgehen müssen von jenem ernstlichen Bruch zwischen Friesland und den Städten am Ende des 14. Jahrhunderts, und von den ersten hansischen Kriegsexpeditionen, bei denen von vorn herein Hamburg hervortritt. Zugleich dürfen wir die Entwicklung der inneren Zustände Frieslands nicht außer Acht lassen, denn durch die Kenntniß derselben wird das Verständniß der hansischen Unternehmungen, und der hamburgischen speciell, wesentlich bedingt.

I. Abschnitt.

Die erften Konflikte zwifchen der Hanfe und Oft-friesland. Kämpfe der oftfriefifchen Häuptlinge um die Herrfchaft des Landes. 1395 — 1427.

I. Kapitel.

Die Vitalienbrüder in Friesland bis zum Jahre 1406.

Die erften Streitigkeiten zwifchen ben Friefen und ben Hanfeftäbten am Ende des 14. Jahrhunderts knüpfen an bas Unwefen an, bas bie Vitalienbrüder auf bem Meere trieben,[1] jene wohlorganifirten Seeräuberfchaaren, bie, von Abligen geführt, urfprünglich beftimmt waren, zu Gunften bes gefan-genen medlenburgifchen Herzogs und fchwebifchen Königs Albrecht ben Dänen und ihrer Königin Margaretha auf alle nur mögliche Weife Abbruch zu thun.[2] Es waren bie medlenburgifchen Städte, namentlich Roftock und Wismar, bie, als ber König nebft feinem Sohn 1389 in bie Gefangenfchaft Margarethas gerathen war, biefe Schaaren ins Leben riefen, indem fie Allen, bie bas bänifche Reich fchäbigen wollten, in ihren Häfen eine Freiftatt boten. Sofort bebeckte fich bas Meer mit zahl-lofen Banden, bie ihren Namen, Vitalienbrüder, von ben

---

[1] Zur Gefchichte ber Vitalienbrüber vgl. K. H. R. IV Einleitung; Voigt, bie Vitalienbrüber, in Raumers hiftor. Tafchenbuch, neue Folge 2.

Viktualien trugen, die sie der Besatzung der belagerten Festung
Stockholm zuführen sollten. Kaum hatten sie begonnen, ihr
Wesen zu treiben, als sie auch bereits weit über ihre Bestimmung
hinausgriffen und bald überhaupt kein Schiff, das ihnen in
den Weg kam, mochte es nun dänisch sein oder nicht, unan-
gefochten ließen. Sie beschränkten sich dabei nicht auf die
Ostsee, auch die Nordsee machten sie zum Schauplatz ihres
Unwesens: zunächst zwar ganz vereinzelt, doch finden wir ihre
Spuren dort bereits im Jahre 1390.[1]) Viel ernster aber wurde
die Gefahr, als mit dem Frieden zwischen Margaretha und
Albrecht im Jahre 1395 die eigentliche Bestimmung der
Vitalienbrüder illusorisch wurde; weit entfernt, ihre Aufgabe
als gelöst zu betrachten, setzten sie vielmehr ihr Leben und
Treiben fort, breiteten sich nach allen Richtungen aus und
machten Ost- und Nordsee gleicherweise zu einer Stätte des ver-
derblichsten Seeraubes. In hellen Haufen kamen sie damals in
die Nordsee, um hier theils auf eigene Faust ihr Handwerk
auszuüben, theils sich in den Dienst Anderer zu stellen, besonders der Friesen, die sie, als willkommene Werkzeuge in
ihren inneren und äußeren Kriegen, mit Freuden aufnahmen.[2])
Von den ostfriesischen Häuptlingen war es vornehmlich
Widzel, der den Vitalienbrüdern in seinen Landen Freistätten
bot. Er war ein Bastard Okos tom Brok, eines der mächtigsten der emporstrebenden Häuptlinge, dem Auriker- und
Brokmerland und manche andere Gebiete Ostfrieslands, so
Theile des Mormer-, Lengener-, Overledingerlandes, unter-
thänig waren. Nach dem gewaltsamen Tode seines Vaters
im Jahre 1391[3]) führte Widzel mit seiner Stiefmutter, der
„quaden Folke", die Regierung über die hinterlassenen Besitzungen als Vormund für seinen unmündigen Bruder Keno,

---

[1]) K. K. R. I. 1390: Ad reysam dominorum supra Weseram
contra Vitalienses 230 ℔ 14 β.
[2]) Emm. p. 226.
[3]) Vgl. darüber Wiarda I, p. 332 ff. Klopp I, p. 171.

ben echten Sohn und Erben Ockos[1]). Rasch sammelte sich nun in seinen festen Plätzen eine große Zahl von Seeräubern[2]), trotz des gegentheiligen Versprechens, das er der Stadt Bremen gegeben hatte, als diese auf die Nachricht von dem Vorhaben der Vitalienbrüder ihn hatte warnen lassen[3]). Andere folgten seinem Beispiel. Hisko, Propst und Häuptling von Emden, Enno Edzardisna von Norden und sein Bruder Haro von Greetsyl, Enno Haytadisna von Larrelt, Edo Wimken, Häuptling in Rustringen, Folkmar Allena zu Osterhusen, ein erbitterter Feind des Brokischen Hauses: sie Alle nahmen Vitalienbrüder in ihre Dienste und ihren Schutz[4]); ja über Frieslands Grenze hinaus gewann dieses Unwesen Boden, selbst Graf Konrad von Oldenburg verschmähte es nicht, sie bei sich aufzunehmen[5]). So war es nicht zu verwundern, daß bald von allen Seiten die heftigsten Klagen erschollen über den großen Nachtheil, der den Schiffen durch die unheimlichen Gesellen geschah. Die preußischen Städte erlitten im Jahre 1397 solchen Schaden, daß der Hochmeister Konrad von Jungingen sich veranlaßt sah, an die Herren, Geistlichen und Richter Westfrieslands, das den ostfriesischen Häuptlingen nichts nachgab, einen Brief zu schreiben und ernstlich auf Sühne und Ersatz zu bringen[6]). Aber was konnten die bittersten Klagen und die ernstesten Forderungen solchem Treiben gegenüber nutzen? Von Thaten, von nachdrücklichem, anhaltendem Kampf gegen das Schmarotzerwesen der Vitalienbrüder war allein Abhülfe zu erwarten!

Die Hansestädte waren zunächst noch zu sehr mit der Befriedung der Ostsee beschäftigt, als daß sie sich mit voller

---

[1]) Widzel nennt sich: Vormund to dem Broke, verware Brocmerlandes ende Aurikens. Friedl. I, 161, 167.
[2]) Korner p. 1177.
[3]) Bremen an die preußischen Städte 1396. K. H. R. IV 359.
[4]) Tratziger p. 115.
[5]) K. H. R. IV. 355 § 4, 358, 359, 550 § 2, 556, 572, 589.
[6]) Das. 412.

Energie der Nordsee hätten zuwenden können. Auch der Beschluß, welcher auf der von allen Seiten beschickten Tagfahrt zu Lübeck am 12. April 1398[1]) hinsichtlich der Ausrüstung von Friedeschiffen gefaßt wurde, kam doch hauptsächlich der Ostsee zu Gute. Nichtsdestoweniger hatte man in diesem Jahre auf der Nordsee einen Erfolg zu verzeichnen. Die Expedition, die die Fläminger gegen die Seeräuber Widzels hatten unternehmen wollen, kam zwar nicht zur Ausführung[2]), aber Bremen widmete sich auf eigene Faust dem Kampf gegen die von den östlichen Häuptlingen, Edo Wimken und seinen Verwandten, gehegten Vitalienbrüder, die von der Nordsee aus die Weser unsicher machten; unterstützt von Hamburg[3]) wendete es nicht weniger als 10 000 rheinische Gulden für das Unternehmen auf[4]): mit Erfolg, denn Edo sah sich genöthigt, seinen Frieden zu machen, und versprach den Städten Bremen, Hamburg und Lübeck, die aufgenommenen Vitalienbrüder binnen acht Tagen entlassen und nie wieder Seeräuber hegen zu wollen; vielmehr erklärte er sich bereit, die Städte zu unterstützen und alles geraubte hansische Gut, das auf sein Schloß gekommen, auszuliefern[5])

Noch eine weitere Friedensaussicht schien sich in diesem Jahre zu bieten. Im Sommer suchte nämlich auch Widzel eine Annäherung an die Städte und bat um Verzeihung für Alles, was von ihm Übles gethan war[6]). Der Grund dieses auffallenden Benehmens, das die Städte sehr überraschte, lag offenbar in inneren friesischen Verhältnissen. Widzel war es müde, nur als Vormund seines Bruders zu gelten, er strebte danach, das Erbe seines Vaters als sein Eigenthum zu

---

[1]) K. H. R. IV. p. 419 ff.
[2]) Daf. 456.
[3]) K. K. R. I, 1898: Ad expedicionem navium contra piratas Vitalienses in Wysera 769 ℔ 9 β 3 ₰
[4]) K. H. R. IV, 465.
[5]) Friedl. I, 165.
[6]) K. H. R. IV, 482, § 14.

besitzen und zu verwalten[1]). Um seine Pläne durchführen zu
können, war es für ihn zweifellos nöthig, die Hände nach
außen hin frei zu haben, und ersprießlich, eine starke Macht
zu suchen, an die er sich anlehnen konnte. Beides wäre durch
den Frieden mit den Städten zu erreichen gewesen. Wie
lange zwar Widzel diesen Frieden gehalten hätte, wenn er
seine Pläne erfüllt sah, ist eine andere Frage! Die Städte
mißtrauten denn auch dem Anerbieten von vorn herein. Auf
einem Tage zu Kopenhagen am 1. August[2]), auf dem man
mit der Königin Margaretha über ein gemeinsames Vorgehen
gegen die Seeräuber verhandelte, aber ein endgültiges Resultat
nicht erzielte, kam auch Widzels Antrag zur Besprechung[3]);
man getraute sich jedoch nicht, einen Beschluß darüber zu
fassen, vertagte denselben vielmehr, bis jede einzelne Stadt
darüber berathen und ihr Gutachten abgegeben habe. Widzel,
dessen Plänen ein solches Zögern nur hinderlich sein konnte,
that nun einen Schritt, der die Städte in einige Verlegenheit
setzen mußte. Nachdem es ihm nämlich gelungen war, mit
Folkmar Allena von Osterhusen, dem großen Gegner des
Brokischen Hauses, sich zu versöhnen, suchte und fand er eine
Stütze an dem damals als Feind in Friesland stehenden
Grafen Albrecht von Holland.

Von jeher hatten die holländischen Grafen Anspruch auf
die Herrschaft in Friesland gemacht. Es war ihnen auch
gelungen, wenigstens in Westfriesland ihre Absichten zeitweilig
durchzusetzen, freilich nur unter fortwährenden Kämpfen. Im
Jahre 1345 war Graf Wilhelm IV. auf seinem Heereszuge
in Friesland erschlagen worden; seitdem hatten die Kämpfe
geruht, und die Friesen hatten sich dem Einfluß Hollands,
das in jener Zeit durch innere Fehden zerrissen wurde[4]), mit

[1] Emm. p. 231.
[2] K. H. R. IV, p. 446 ff.
[3] Daf. 482, § 14.
[4] Vgl. darüber Wenzelburger I., p. 208 ff.

Erfolg zu entziehen gewußt. Erst Herzog Albrecht von Baiern, seit 1358 Graf in Holland, unternahm es 1396, den holländischen Ansprüchen wieder Geltung zu verschaffen. Mit einem großen Heere, verstärkt durch französische und englische Truppen, fiel er ins Land ein, siegte in einer Schlacht über die Friesen, und verwüstete weite Strecken[1]); heftiges Unwetter zwang ihn bald, zurückzukehren[2]), und von einem dauernden Erfolg konnte keine Rede sein. Größere Vortheile aber brachte ein zweiter Zug, 1398 wiederum mit einem gewaltigen Aufgebot[3]) unternommen: nach blutigen Kämpfen huldigte fast ganz Westfriesland, die groningischen Umlande wurden verwüstet, und Albrecht machte Miene, nach Ostfriesland vorzubringen.[4]) Eben da kam ihm Widzel entgegen. Am 11. September übertrug er dem Holländer die ihm anvertrauten Lande und nahm sie als erbliches Lehen aus seinen Händen zurück; ein Gleiches that sein neuer Bundesgenosse Folkmar Allena. Albrecht versprach dagegen, sie in allen Rechten und gegen jedermanns Ansprüche schützen zu wollen.[5])

Widzel hatte damit zunächst erreicht, was er wollte: einen gewissen Rechtsanspruch und einen kräftigen Rückhalt für seine ehrgeizigen Pläne. Den Hansestädten aber mußte diese Verbindung große Sorge machen. Mit Albrecht hatten sie stets auf gespanntem Fuß gestanden; noch im vergangenen Jahre waren die Hamburger in einen ernstlichen Streit mit ihm gerathen, als er — offenbar mit Unrecht — ihnen vorwarf, sie hätten die Friesen gegen ihn unterstützt,[6]) und dieser Streit war noch keineswegs ausgeglichen[7]). Was für Nach-

---

[1]) Über diese Expedition berichten; Beninga p. 163 ff, Emm. p. 226 ff, Detmar p. 376, Froissart p. 276 ff.
[2]) Froissart p. 296.
[3]) Vgl. Schwartzenberg I, p. 270 ff.
[4]) Emm. p. 230.
[5]) Friedl. I, 167, II, 1706, 1707.
[6]) K. H. R. IV, 460, 461.
[7]) Am 6. April 1399 sollte eine Tagfahrt gehalten werden „om sulker gebreke wille". K. H. R. IV. 464,

theile mußte man nun von dem Bündniß der beiden Feinde
erwarten! Stand es nicht zu befürchten, daß Albrecht sich
der Vitalienbrüder, der Diener seines ehemaligen Feindes,
jetzigen Lehnsmannes, nun gleichfalls bedienen würde?[1]) So
schien es in der That kommen zu sollen: Albrecht kündigte
allen Vitalienbrüder Widzels, die einst gegen ihn die Waffen
getragen hatten, Verzeihung an und gab ihnen sicheres Geleit
und freien Verkehr in seinem ganzen Lande; freilich verbot
er ihnen zunächst, die Kaufleute zu schädigen[2]), denn im Grunde
seines Herzens konnte doch auch er kaum wünschen, daß das
Unwesen, von dem auch Holland viel litt, sich noch weiter
ausbreitete. Dieser Wunsch einerseits und andrerseits das
Interesse Widzels, der in Friesland in blutige Kämpfe verwickelt wurde, mögen ihn bestimmt haben, sich als Schiedsrichter zwischen Widzel und den Städten anzubieten[3]). Lübeck,
dem er diesen Vorschlag machte, sagte zu, mit den anderen
Städten darüber verhandeln zu wollen; gewann man doch
wenigstens dadurch, daß die Vitalienbrüder vorläufig im Zaum
gehalten wurden! Auf den 25. Juli 1399 wurde eine Tagfahrt zu Lübeck anberaumt; allein noch ehe dieselbe stattfand,
kam die Nachricht, daß Widzel in einer Fehde erschlagen sei.[4])

Widzels Tod veränderte die ganze Sachlage. Keno,
der jetzt in den unbestrittenen Besitz seines Erbes kam, war
mit Nichten gewillt, in die Fußstapfen seines Bruders zu
treten, und ein Lehnsmann des Holländers zu werden, der
seine Hand dazu geboten hatte, ihn von der Herrschaft aus-
zuschließen. Er war fest entschlossen, den Kampf gegen die
holländischen Ansprüche aufzunehmen, und griff zu diesem

---

[1]) Das spricht sich in der Bitte aus, die die zu Danzig versammelten preußischen Städte an Lübeck richten: es möge die flandrischen
Städte noch einmal zur Befriedung der Westsee auffordern, da Widzel sich
dem Herzog Albrecht ergeben habe. K. H. R. IV, 505.

[2]) Das. 529.

[3]) Das. 530 ff.

[4]) Das. 534. Emm. p. 238. Ben. p. 168.

Zweck zu dem beliebten Mittel, Vitalienbrüder in seine Dienste zu ziehen. Groningen, Westfriesland, von bitterstem Haß gegen Albrecht erfüllt, thaten dasselbe. Uns sind zwei Schreiben aus dem Ostergo und Westergo in Westfriesland erhalten[1]), die so recht zeigen, wie viel Werth man auf die Hülfe der Vitalienbrüder legte: in dem einen werden „alle guten Leute, insbesondere die Vitalienbrüder" um Beistand gebeten, in dem anderen wird ein Vertrag mit ihnen beurkundet, der ihnen die günstigsten Bedingungen zusagt.

Unter solchen Umständen konnte natürlich von einem Schiedsgericht oder von Friedensverhandlungen auf dem Lübecker Tage am 25. Juli[2]) nicht mehr die Rede sein, um so weniger, als Albrecht sich gegen die Hansestädte neue Gewaltthaten erlaubt hatte. Man beschloß vielmehr, die flandrischen Städte von Neuem zur Befriedung der Nordsee aufzufordern, und sandte, als man bald darauf mit Margaretha einen Tag zu Nykjöbing hielt, Briefe an Reno, Groningen, Dockum in Westfriesland mit der bringenden Forderung, die Seeräuber zu entlassen.[3]) Man begnügte sich damit nicht, man gelangte endlich allgemein zu der Einsicht, daß ein gemeinsames Eingreifen mit den Waffen in der Hand unabweisbar sei. Ein neuer Tag zu Lübeck am 2. Februar 1400 sollte dazu bestimmt sein, über die nöthigen Maßregeln zu verhandeln.[4]) Die wendischen, preußischen und holländischen Städte waren in dieser Versammlung vertreten. Schon hatte man mit den Verhandlungen begonnen, als ein Vertrauter Renos, Kaplan Almer, von ihm gesandt, erschien, im Namen

---

[1]) K. H. R. IV, 548, 549.
[2]) Das. p. 495 ff.
[3]) Das. 550, § 2.
[4]) Vgl. für das Folgende die erschöpfende Abhandlung von Hobbing „Die Expedition der Hansestädte gegen die ostfriesische Küste 1400" im Emdener Jahrbuch 4. Band, 2. Heft 1881. Ich kann mich hier darauf beschränken, nur das für den Zusammenhang Nöthige zu behandeln und dabei im Allgemeinen auf Hobbings Resultate zurückzugreifen.

seines Herrn um Verzeihung bat und dessen Versprechen über=
brachte, die Vitalienbrüder entlassen und ein treuer Freund
der Städte sein zu wollen. Ein solches Anerbieten kam un=
erwartet, und die Städte fürchteten, es stecke Betrug dahinter.
Allein Almer beschwor die ehrliche Absicht Kenos und versprach,
eine Urkunde desselben beizubringen. Nichtsdestoweniger be=
schloß man für den Fall, daß Keno sein Versprechen nicht
halten oder nicht im Stande sein würde, die Vitalienbrüder
aus Friesland zu vertreiben, eine Flotte auszurüsten und die
Königin Margaretha um ihre Hülfe zu bitten. Dieser Be=
schluß war nur zu gerechtfertigt. Zwar hatte Keno die ver=
sprochene Urkunde unterzeichnet und seine Seeräuber entlassen,
aber eine allgemeine Entfernung der Vitalienbrüder aus Ost=
friesland, die er verheißen, gelang ihm keineswegs: Edo
Wimken, Hisko von Emden und Andere nahmen vielmehr die
von ihm Entlassenen bei sich auf, und nach wie vor stand
das Unwesen in schönster Blüthe. Keno selbst gerieth dadurch
in eine schwierige Lage, und wiederholt wandte er sich an die
Städte um Hülfe[1]). Jetzt endlich entschlossen sich Lübeck und
Hamburg, Ernst zu machen, und mit der vollen Energie, die
die Unterdrückung des Unwesens erheischte, nahmen sie die
schwierige Aufgabe in Angriff. Ohne noch das preußische
Kontingent abzuwarten, fuhren ihre Schiffe am 22. April von
Hamburg ab. Wir sind über die ganze Expedition vorzüglich
unterrichtet, da der Bericht der Schiffshauptleute erhalten ist.[2])
Bereits in den ersten Tagen des Mai fand auf der Ems
ein hitziger Kampf mit Seeräubern statt: 80 wurden gefangen,
die übrigen flohen. Dieser eine Schlag säuberte die ganze
Küste von dem Raubgesindel; ein heilloser Schrecken durchflog
die Banden der Vitalienbrüder, die nun Rettung suchten, wo
sie konnten. Mit dem stolzen Bewußtsein, einen entscheidenden
Sieg erfochten zu haben, konnten die Hansen am 6. Mai bei

---

[1]) Bippen, Bremer Urkundenbuch IV, 248. K. H. R. IV, 588.
[2]) K. H. R. IV, 591.

Emden landen, wo ihre Hauptleute in den nächsten Monaten als Herren schalteten und walteten. Hier wurden die gefangenen Seeräuber hingerichtet, hier zog man die schuldigen Häuptlinge zur Verantwortung, hier wurden langwierige Verhandlungen geführt. Denn die Lübecker und Hamburger, fest entschlossen das Übel von Grund aus zu beseitigen, hielten es für ihre Aufgabe, die Zwistigkeiten unter den ostfriesischen Häuptlingen, aus denen der ganze Schaden zum guten Theil entsprang, beizulegen. Zwei große Partheien galt es vornehmlich zu versöhnen; das Haupt der einen war Probst Hisko, ihm gegenüber vertraten die andere Keno und Folkmar Allena, unter einander zwar Gegner, in ihrer Feindschaft gegen Hisko aber einig. Letzterer, der Emden zu einem Hauptherd der Seeräuber gemacht hatte, war, eine schlaue Politik befolgend, den Hansischen mit einer übertriebenen Freundlichkeit entgegengekommen, als sie seine Stadt betraten: er hatte sich erboten, ihnen Stadt und Schloß zu überantworten und ihnen behülflich zu sein, wo sie seiner bedürften. Man traute ihm und nahm sein Anerbieten dankend an, während man Keno trotz Allem, was er gethan, noch fortwährend mit Mißtrauen begegnete. So wurde denn auch Hisko in dem Schiedsgericht der Hansen zwischen den beiden Partheien entschieden bevorzugt. Ihm geschah nichts, während Keno sich dazu verstehen mußte, sein Schloß Witmund den Städten abzutreten, bis eine feste Sühne zu Stande gekommen sei, die in der nächsten Zeit durch gewählte Schiedsrichter vermittelt werden sollte. Von beiden Partheien wurden zwei Geiseln gestellt, unter ihnen Keno selbst; Bremen sollte sein Aufenthaltsort sein bis zum festen Abschluß des Friedens. Über mehrere der ostfriesischen Häuptlinge erging ein strenges Gericht: Folkmar Allena mußte Grothusen, Sibrand Loquard übergeben; beide Schlösser wurden niedergebrannt. Dem Häuptling Enno Haytabisna nahm man seine Burg Larrelt, und dem Haro Albesna Falbern. So groß war bereits das Vertrauen, in das Hisko sich zu setzen

gewußt hatte, daß die hansischen Hauptleute diese beiden
Schlösser ihm auf Treu und Glauben übertrugen. Alle diese
gezüchtigten Häuptlinge, auch Keno, sollten am 21. Juli auf
einer gemeinsamen Tagfahrt der Hansestädte erscheinen, um
sich zu rechtfertigen.

Ende Juni verließen die Lübecker und Hamburger Emden,
das ihnen, besonders den Letzteren, später noch manche Sorge
machen sollte. Der äußere Erfolg, den sie errungen, war
unleugbar glänzend. Sie hatten die Vitalienbrüder zerstreut
und verjagt, die schuldigen Häuptlinge bestraft, einen vorläufigen Frieden zwischen den Partheien vermittelt und einen
treuen Freund, wie sie glaubten, in Hisko von Emden gefunden. Sie hatten dies alles aus eigener Kraft bewerkstelligt,
denn verschwindend gering war die Hülfe, die sie von anderer
Seite bekamen; ein großes Verdienst hatten sie sich so um
die ganze Hanse erworben. Wenigstens die preußischen Städte
erkannten das auch dankbar an und sagten bereitwilligst Ersatz
der Kosten zu[1]).

Wie bald aber mußte man einsehen, daß die ganze Expedition, wenn nicht umsonst, so doch jedenfalls ohne dauernden
Erfolg war! Wenn man glaubte, durch Eide, Verträge, ja
durch Gewaltmaßregeln die friesischen Häuptlinge zur Ruhe
und zum Gehorsam gezwungen zu haben, so kannte man ihren
unbeugsamen Sinn schlecht. Gerade der Mann, dem die Städte
ihr Vertrauen geschenkt hatten, Hisko, war am wenigsten ge-
sonnen, Frieden zu halten. Er kümmerte sich nicht um die
gegebenen Versprechungen, fügte vielmehr von den ihm anvertrauten Schlössern aus der Gegenpartei fortwährend Schaden
zu[2]), so daß die Aussicht auf das Zustandekommen des defi-
nitiven Friedens immer mehr in Frage gestellt wurde.

Keno war bis zum Herbst als Geisel in der Hand der
Städte, die ihm nach wie vor sehr wenig gewogen waren.

[1]) K. H. R. IV, 622.
[2]) Das. 635.

In einer Versammlung zu Stade im November[1]), zu der er vorgeladen wurde, warf man ihm von Neuem vor, daß er den Städten großen Schaden gethan habe und dem urkund= lichen Versprechen, das sein Kaplan ehemals überbracht hatte, untreu geworden sei. Dieser Vorwurf befremdet; hatte doch Lübeck vorher selbst zugegeben, daß Keno die Seeräuber ent= lassen habe[2]). War Keno damals nicht ehrlich zu Werke ge= gangen oder war er vielleicht von Hisko verleumdet worden? Letzteres ist bei der ganzen Haltung des schlauen Propstes nicht unwahrscheinlich.

Durch die Mißgunst der Städte bewogen sah Keno sich nach einer Stütze um, und fand dieselbe in dem Herzog von Geldern, dessen Lehnsmann werden zu wollen, er versprach[3]). Dieser, der, wie alle umwohnenden Fürsten mit Freuden die Gelegenheit ergriff, in Friesland Einfluß zu erhalten, ver= wandte sich gern für seinen Schützling bei den Städten, und es gelang ihm, durchzusetzen, daß er selbst als Schiedsrichter von ihnen so gut wie von Keno anerkannt, und der Letztere aus seiner Gesellschaft vorläufig entlassen wurde. Ferner ver= sprachen die Städte, die, von Hiskos Treiben benachrichtigt, nun doch einiges Mißtrauen gegen ihn faßten, falls die Sühne zwischen den friesischen Partheien bis Weihnachten keinen Fort= gang nehme, wollten sie Witmund an Keno zurückgeben, Larrelt und Falbern dagegen von Hisko einfordern; man schrieb dem ungetreuen Freunde auch einen Brief und warnte ihn ernstlich[4]).

Der Schiedsspruch des Herzogs von Geldern muß zur Zufriedenheit ausgefallen sein, denn Keno kam nicht, wie für den Fall der Erfolglosigkeit ausgemacht war, in die Haft der Städte zurück; dem Herzog hielt er dankbar sein Versprechen:

---

[1]) K. H. R. IV, p. 569 ff.
[2]) Daſ. 589.
[3]) Friebl. II. 1734.
[4]) K. H. R. IV, 635.

er wurde im Juni 1401 sein Lehnsmann. Mit Hisko aber
kam noch immer kein Friede zu Stande; der Gegensatz ver=
schärfte sich vielmehr, und es wurde immer klarer, daß alle
Bemühungen der Hansestädte, eine Versöhnung der streitenden
Häuptlinge anzubahnen, vergeblich gewesen seien.

Noch ein Anderes kam hinzu. Durch die Expedition der
Städte waren die Vitalienbrüder zwar von der ostfriesischen
Küste verscheucht worden, ausgerottet aber waren sie mit
Nichten. Ein großer Theil war von Albrecht von Holland
aufgenommen, der sie nun wirklich, wie man früher befürchtet
hatte, gegen seine Feinde, vornehmlich die Friesen und die
Hamburger, gebrauchte[1]); andere waren nach Norwegen ge=
flohen, wo sie sich, etwa 200 an Zahl, unter den Führern
Göbeke Michels und Klaus Störtebeker sammelten. Die
Städte erkannten recht gut, daß ihr Werk nicht vollendet sei,
ehe sie nicht auch mit diesen Seeräubern aufgeräumt hätten.
Noch in Emden dachten sie bereits an eine Verfolgung der
nach Norwegen Entkommenen[2]), gaben dieselbe aber dann doch
für das Jahr 1400 auf[3]). Als aber mit dem Beginn des
Jahres 1401 die Räuber von Norwegen ausschwärmten, war
Hamburg sofort entschlossen, die Arbeit des vorigen Jahres
fortzusetzen[4]). Im Frühjahr gelang es den hamburgischen
Rathmannen Hermann Langhe und Nikolaus Schoke bei Hel=
goland das Schiff Störtebekers zu erobern, ihn selbst mit
zahlreichen Genossen gefangen nach Hamburg zu führen, wo
sie sämmtlich im Herbst hingerichtet wurden. Und damit nicht
genug: auch der zweite Hauptmann, Göbeke Michels, wurde
noch in demselben Jahre von den Hamburgern auf der Weser

---

[1]) K. H. R. IV, 605.
[2]) Daf. 591, § 33.
[3]) Daf. 615, 660.
[4]) Vgl. für das Folgende die interessante Abhandlung Koppmanns
„Klaus Störtebeker in Geschichte und Sage", Hans. Geschichtsblätter,
Jahrg. 1877, woselbst auch die weitere Litteratur. Ich eigne mir die
Resultate der Abhandlung hier an.

angegriffen, besiegt und gleichfalls mit seinen Gesellen in Hamburg geköpft. Diese Heldenthaten machten einen gewaltigen Eindruck; es bildete sich um dieses Ereigniß ein reicher Sagenkreis, und noch im vorigen Jahrhundert lebte im Volksmund das Lied von Störtebeker und Godke Michel, das am Schlusse der Stadt Hamburg zuruft:

Des magstu von Golde eine Krone tragen;
Den Preis hastu erworben[1]).

Als nächstes Ziel faßte Hamburg nun ins Auge, mit Holland einen Frieden zu machen, um auch von dieser Seite her den Angriffen der Seeräuber nicht mehr ausgesetzt zu sein. Man rüstete zwar 1401 für alle Fälle eine Flotte gegen Holland aus, knüpfte aber zugleich Verhandlungen an[2]), die unter Vermittlung Lübecks und der preußischen Städte[3]) zu einem vorläufigen Frieden führten, so daß die Flotte nicht auslief[4]). Nach weiteren Verhandlungen[5]) kam endlich durch Vermittlung des Rathes von Gent am 9. October 1403 ein endgültiger Friede zu Stande[6]).

Inzwischen gestalteten sich die Dinge in Ostfriesland immer unerfreulicher. Es war Hisko gelungen, Folkmar Allena auf seine Seite zu ziehen, auch Hayke von Falbern wußte er sich geneigt zu machen, trotzdem er 1400 von der Burg Falbern Besitz ergriffen hatte, und zugleich zog er die Groninger in sein Interesse, so daß Keno bald eine starke Gegnerschaft sich gegenüber sah. Zu Falbern betrieben Hisko und seine Freunde

---

[1]) Liliencron, Die historischen Volkslieder der Deutschen I., p. 210 ff.
[2]) K. K. R. II, 1401: 285 ₰ dominis Christiano Militis, Meynardo Buxtehude in Hollandiam.
[3]) K. H. R. V, 19.
[4]) K. K. R. II, 1401: 5 β nuncio pro littera pacis ducis Hollandie. — Ad expediendum naves contra Hollandrenses post Pascha, que non venerunt ad mare propter prorogacionem pacis 856 ₰ 5 β.
[5]) Das. 1402: 286 ₰ 2 β Christiano Militis et Meynardo in Holland. — 34 ₰ 8 β domino Hermanno Langhen pro expensis Hollandrinorum.
[6]) Tratziger p. 121.

2*

starke Rüstungen; als Vorwand dazu dienten ihre Fehden mit
Holland und dem Stifte zu Utrecht[1]): allein Keno wußte recht
gut, wem die Rüstungen eigentlich galten[2]), und säumte nicht,
sich vorzubereiten, um den Schlag zu pariren. Noch im
Sommer 1401 kam es zum offenen Krieg: er entschied für die
Parthei Kenos. Am 6. Juni ward Folkmars Schloß Oster=
husen genommen und zerstört: zwei Tage darauf fiel auch
Larrelt, das die Hansischen ehedem Hisko anvertraut hatten
und von dem nun Enno Haytabisna wieder Besitz nahm,
endlich gelang es auch, Faldern zu zerstören[3]). Die Fehden
waren damit nicht beendigt[4]), allein es dürfte unmöglich sein
und hat auch für uns keinen Zweck, diesen hin und her
wogenden Kampf, dieses kleinliche Ränkespiel bis ins Einzelne
zu verfolgen: genug, daß sich Hisko gar bald mit seinen
Kampfgenossen Folkmar und Hayke wieder überwarf, und diese
nun zu Keno übergingen. Am 13. Juli schlossen Keno und
eine Anzahl friesischer Häuptlinge, die unter dem Namen
Beninghamänner zusammengefaßt wurden[5]) und noch kurz vor=

---

[1]) Brief Hiskos und Folkmars an Bremen, von Friedländer (I. 170)
zum Jahre 1400 gesetzt, von Bippen (Bremer Urkundenbuch IV, 272), wie
mir scheint, mit Recht ins Jahr 1401. Neben Bippens Gründen ist auch
entscheidend, daß Hisko und Folkmar im Frühjahr 1400 noch nicht ver=
bündet, sondern vielmehr verfeindet waren.

[2]) Bippen, Bremer Urkundenbuch IV, 273.

[3]) Wir sind über diesen Krieg nur durch eine Notiz in einem
Kopialbuche des friesischen Klosters Langen unterrichtet (Friedl. I, 185).
Nichts berechtigt, diese Nachricht mit Suur und Mithoff auf das Jahr 1400
zu beziehen, wo sie, wie Hobbing (a. a. O. p. 41 Anm.) richtig bemerkt,
nicht hinpaßt, nichts aber auch, sie mit Hobbing deswegen ohne Weiteres
ganz zu verwerfen. Die Nachricht ist zum Jahr 1401 eingetragen und
sie paßt bei den inneren Zwistigkeiten in Friesland durchaus in dieses
Jahr, ja sie erklärt uns sogar den Umstand, daß wir Enno nach 1401
wieder als Häuptling in Larrelt finden (Friedl. I, 193, 197 2c.) Daß
das Kopialbuch aus dem 16. Jahrhundert stammt, beweist noch nichts für
seine Unglaubwürdigkeit; die Quellen waren jedenfalls vorzüglich, was
schon die genaue Fixirung der Daten zeigt. Langen stand mit dem in un=
mittelbarer Nähe liegenden Larrelt und besonders mit Enno in genauer
Beziehung. (Vgl. Friedl. I, 147, 205.)

[4]) Emm. p. 246.

[5]) Ganz richtig vermuthet Wiarda I, p. 372, daß der Bund den
Namen trug, weil der Stifter desselben aus dem Beninghageschlechte ge=

her auf Hisko Seite gestanden hatten, mit Follmar, dessen Neffen Aild und Hayke von Falbern Frieden und Bündniß[1]). Nun sah sich auch Hisko genöthigt, für den Augenblick wenigstens eine freundlichere Miene anzunehmen[2]); aber wie war es von dem ränkesüchtigen Unruhestifter zu erwarten, daß er lange Frieden halten würde? Er dachte nicht daran, sah sich vielmehr eifrig nach Hülfskräften um. Wieder, wie in früheren Jahren, machte er Emden zu einer Freistatt für die Seeräuber und wieder sammelte sich eine große Anzahl von Vitalienbrüdern. Bald hören wir die alten Klagen der Hansestädte über den Schaden, der ihren Schiffen von Friesland aus geschehe, und im Herbst 1405 sah Lübeck sich wieder veranlaßt, die Städte zur Berathung über Gegenmaßregeln aufzuforbern[3]).

Zum Unglück brach auch der Krieg zwischen Holland und Friesland von Neuem aus. Herzog Albrecht war Ende des Jahres 1404 gestorben, und sein Sohn Wilhelm war ihm gefolgt, eine kriegerische und rücksichtslose Natur. Einen Augenblick hielt er mit den Friesen Frieden, erneuerte sogar im März 1405 den Vertrag seines Vaters mit ihnen[4]), aber bereits im August desselben Jahres lag er mit ihnen im Kampf. Daß dieser, wie ehedem, eine Stärkung der Vitalienbrüder bebeutete, liegt auf der Hand: auch dieses Mal säumten sie nicht, sich willig in den Dienst der streitenden Partheien zu stellen, um ihren Vortheil dabei zu finden.

Bald war es dahin gekommen, daß das Unwesen heftiger tobte als vor dem Jahre 1400. Es fragte sich jetzt, wie sich die Hanse dem gegenüber verhalten würde. Sollte sie nach dem mißlungenen Versuch auf fernere Unternehmungen ver-

---

wesen sei. Wir können den Bund nämlich schon 1379 urkundlich nachweisen (Friedl. I, 136) und hier erscheint als Haupt desselben Gherald Beningha in Grymersum.

[1]) Friedl. I, 193. Emm. p. 246.
[2]) Emm. p. 247.
[3]) K. H. R. V, 291.
[4]) Schwartzenberg, p. 350.

zichten, die friesischen Häuptlinge und die Vitalienbrüder ge=
währen lassen? Das war unmöglich, wenn sie nicht ihr
eigenstes Wesen aufgeben wollte. Ein neuer Eingriff in die
verderblichen Zustände war unvermeidlich. Es mußte sich zeigen,
ob die Städte diesen in der richtigen Weise und mit dem
nöthigen Nachdruck, um einen besseren Erfolg zu erzielen,
würden machen können.

II. Kapitel.

Weitere Unternehmungen der Hanse gegen die Vitalienbrüder. Der Entscheidungskampf zwischen Keno und Hisko.

Es lag in dem Wesen des Hansebundes, daß er die
Zwistigkeiten, in die er verwickelt wurde, so lange wie möglich
durch Verhandlungen und Vermittlungsversuche beizulegen
strebte. Es offenbart sich darin eine für die Handelsinteressen,
die stets den Krieg schwer ertragen, ersprießliche, weise und
gemäßigte Politik. Allein wie oft wurde doch diese Mäßigung
übertrieben und brachte Nachtheil statt Nutzen!

So geschah es auch jetzt. Statt von vorn herein energisch
einzuschreiten, suchte man, trotz der gegentheiligen Erfahrungen,
das Uebel der Vitalienbrüder durch Verhandlungen zu beseitigen.
Es gewann aber dadurch nur Zeit, sich immer mehr auszu=
breiten.

Man war zunächst bestrebt, zwischen Holländern und
Friesen zu vermitteln, ein durchaus richtiges Verfahren, wenn
man sich einmal entschlossen hatte, auf friedlichem Wege vor=
zugehen; war doch die zwischen diesen beiden Stämmen ob=
waltende Fehde ein Hauptanziehungspunkt für die Vitalien=
brüder!

Zu diesem Zweck hielten die Städte, nachdem sie über das herrschende Unwesen lebhaft mit einander korrespondirt hatten, im Herbste 1406 einen Tag zu Amsterdam[1]). Beide Partheien, Holländer wie Friesen, zeigten sich der Vermittlung geneigt, beide sandten ihre Vertreter. Eine Versöhnung kam anfangs nicht zu Stande, allein endlich gelang es doch dem hamburgischen Bürgermeister Meinhard Buxtehude, der wieder- holt nach Friesland gesandt wurde, einen Frieden zwischen den Landen Ostergo und Westergo in Westfriesland und dem Herzoge Wilhelm zu vermitteln[2]). Auch zwischen den Hanse- städten selbst und den Westfriesen wurde ein vorläufiger Friede verabredet: auf einem Tage zu Hamburg, den die Städte Pfingsten 1407 mit den Friesen halten wollten, sollte das Genauere verabredet werden[3]). Ferner sollten, so beschloß man, die Westfriesen ihre Stammesgenossen, die Ostfriesen, auffordern, ebenfalls auf dem Tage zu Hamburg zu erscheinen, um sich zu verantworten; zugleich forderte man auch diese auf, mit dem Herzoge Wilhelm, der selbst an die ostfriesischen Häuptlinge und Gemeinden schrieb, ihren Frieden zu machen[4]). Allein war es bei den verwilderten Zuständen in Ostfriesland, bei den entgegengesetzten und in stetem Wechsel begriffenen Interessen der Häuptlinge, bei ihren Zwistigkeiten und Kämpfen denkbar, daß sie sich gemeinsam einer Aufforderung unterwerfen würden, auf deren Nichtbefolgung sie es offenbar ruhig an- kommen lassen konnten, so lange nicht der holländische Feind im Land stand? Bot nicht überhaupt gerade die holländische Fehde den Häuptlingen erwünschte Gelegenheit, eine größere Anzahl von Seeräubern, die sie in ihren Kämpfen gegen ein- ander gebrauchten, zu unterhalten auf Kosten der zahlreichen holländischen Schiffe, die die Nordsee bevölkerten? Und bennoch

[1]) K. H. R. V, p. 200 ff.
[2]) Das. 339, § 4 ff., 341.
[3]) Das. § 8 ff.
[4]) Das. § 12 ff., 353, 354.

ließen sich wirklich einige Häuptlinge zum Frieden mit Wilhelm
herbei: am 27. April 1407 schlossen ihn die Brüder Haro
und Enno Edzardisna von Greetsyl und Norden[1]), wenige
Tage später Hisko von Emden ab[2]). Schwerlich war dieser
Friede auch nur einen Augenblick ernst gemeint. Gerade diese
drei Häuptlinge waren es, die damals den Vitalienbrüdern
am meisten Vorschub leisteten und die am meisten Nutzen
aus ihnen zogen. Wie kamen sie dazu, ihren Frieden zu
machen? Ich denke, der muthmaßliche Grund ist nicht zu
schwer zu erkennen: sie wollten Vertrauen erregen bei den
Städten, die eben damals unzweideutig auf das Treiben dieser
Häuptlinge aufmerksam gemacht worden waren.

Wiederholt nämlich hatte Keno, der seinerseits viel
Schaden durch die von seinen Feinden gehegten Vitalienbrüder
erfuhr, die Städte auf diejenigen hingewiesen, aus deren
Schlössern und Häfen das größte Unheil kam[3]). Insbesondere
hatte er Hisko, seinen alten Feind, bezeichnet, und die Städte
flehentlich gebeten, ihm gegen denselben beizustehen, er selbst
wolle ja auch nach Kräften dem Unwesen steuern. Wol hätte
er, so schrieb er im Jahre 1406 — ob in der That der Wahrheit
gemäß, oder nur um die Städte sicher zu machen, muß dahin
gestellt bleiben — wol hätte er mit Hisko einen guten Frieden
schließen können, aber eingedenk seiner Versprechungen habe er
darauf verzichtet und den Kampf weitergeführt; wenn sie ihn
aber noch ferner ohne Hülfe ließen, so wäre er doch genöthigt,
mit Hisko gemeinsame Sache zu machen. Trotz der eindringlichen Bitten erfolgte vorläufig von Seiten der Städte nichts,
was ihn hätte ermuthigen können. Erst im Anfange des
Jahres 1407 traten sie der Frage näher und wurden nun
auch aufmerksam auf Haro und Enno, die Keno in einem

---

[1]) Friedl. I, 206.
[2]) Friedl. II, 1742.
[3]) K. H. R. V, 251, 294.

neuen Briefe anklagte[1]). Zudem rückte auch der Tag zu Ham=
burg heran, auf welchem die friesischen Häuptlinge sich ver=
antworten sollten. Dadurch eben mögen jene drei, Hisko,
Haro und Enno, veranlaßt worden sein, um bei den Städten
einen guten Eindruck zu machen, jener durch die hansischen
Sendboten vermittelten Aufforderung des Herzogs nachzu=
kommen[2]).

Wenn die Städte sich von dem Tage zu Hamburg, den
sie Pfingsten mit den Friesen halten wollten, etwas Heilsames
versprochen hatten, so sollten sie sich bitter enttäuscht sehen.
Die Westfriesen begnügten sich, zwei Geistliche zu senden mit
der einzigen Vollmacht, einen anderen Tag zu verabreden[3]);
es blieb nichts anderes übrig, als die gegenseitigen Klage=
schriften auszutauschen und einen neuen Tag zu Amsterdam
für den 24. Juni festzusetzen[4]). Haro und Enno aber hatten
es in ihrem Schuldbewußtsein vorgezogen, überhaupt nicht zu
erscheinen und in einem demüthigen Brief ihre Unschuld be=
theuert: sie hätten gehört, Hamburg und Lübeck wollten ihnen
schaden, das hätten sie nicht verdient[5]). Unwillig schrieb man
von der zu derselben Zeit in Lübeck tagenden Hanseversamm=
lung aus, wie an die Westfriesen[6]), so auch an diese beiden
Häuptlinge, forderte sie auf, ihre Seeräuber nicht ausfahren
zu lassen und sich ebenfalls auf jenem neu angesetzten Tage zu
verantworten[7]).

---

[1]) Der Brief läßt sich nur aus der Antwort — K. H. R. V, 396 —
schließen.
[2]) Leider ist der Brief, den Haro und Enno bald darauf, zu dem
Tage in Hamburg, schrieben, nicht erhalten; er könnte diese Vermuthung
vielleicht bestätigen. Aus der Antwort der Städte — K. H. R. V, 395 —
wissen wir, daß Haro und Enno in ihrem Brief ihre Unschuld nachzu=
weisen suchten: dazu würde die Vermuthung gut stimmen.
[3]) Daf. 389, 392 § 1 ff.
[4]) Daf. 394.
[5]) Daf. 895.
[6]) Daf. 894.
[7]) Daf. 895.

Nach allen diesen unerfreulichen Verhandlungen, die zu nichts geführt hatten, sah man doch jetzt endlich die Noth=wendigkeit ein, wieder Friedeschiffe auszurüsten, zumal man zweifelte, ob der Tag zu Amsterdam Erfolg haben würde[1]. Auf dem erwähnten, zahlreich besuchten Tag zu Lübeck im Mai 1407 faßte man den Beschluß, „ener were in de see to leggen, den copman to beschermende kegen de zeerovere"[2]. Man schritt dazu, eine Matrikel festzusetzen, die den gegen=wärtigen sowol wie den abwesenden Städten auferlegte, eine bestimmte Anzahl von Gewappneten zu stellen, den Ersteren zusammen 237, den Letzteren 115. Lübeck und die preußischen Städte sollten ein Schiff mit 70 Gewappneten und 20 Schiffs=leuten von Hamburg aus ausrüsten; ebenso Hamburg mit Cöln, Rostock nnd anderen eins mit 73 Gewappneten; Bremen, die livländischen und andere Städte eins mit 70; ein weiteres mit 54 sollten die süderseeischen Städte aufbringen. Die nicht anwesenden Städte wurden aufgefordert, bis zum 25. Juli ihren Beitrag in Geld zu senden, widrigenfalls wollte man sie aus der Hanse ausstoßen[3].

Man säumte nicht, den gefaßten Beschluß auszuführen, denn bringend war ein Einschreiten nöthig. Hundert Vitalien=brüder, so meldet am 6. Juni noch von Lübeck aus der preu=ßische Sendebote Arnold Hekeb, liegen mit zwei großen Schiffen nicht fern von Bremen: sie warten noch auf Verstärkung, um dann, sobald die Städte in Lübeck auseinander gegangen, aufs Meer hinaus zu fahren[4]. So sandte man denn die Friede=schiffe sofort aus[5]. Allein die beschlossene Anzahl von Schiffen genügte jetzt keineswegs mehr, und von einem nennenswerthen,

---

[1] K. H. R. V, 403.
[2] Daf. 392, § 9 ff.
[3] Daf. 392, § 14; 398.
[4] Daf. 405.
[5] K. K. R. II haben zum Jahre 1407 die Notiz: Ad reysas ad mare contra piratas: summa totalis de omnibus expositis 1709 ℔ 4 ß 5 ₰.

durchgreifenden Erfolg konnte keine Rede sein. Das einzige
Resultat, von dem wir hören, war, daß es den Befehlshabern
der Friedeschiffe gelang, mit Enno und Haro einen Tag zu
Emden oder Groningen für das nächste Frühjahr zu verabreden und bis Ostern 1408 einen Frieden mit ihnen abzuschließen[1]). Ein sehr zweifelhafter Erfolg! Denn es stand
nicht zu erwarten, daß die beiden Häuptlinge sich viel um den
Frieden kümmern würden; sie zogen außerdem aus den Abmachungen den Gewinn, daß sie durch dieselben ihrer Verantwortung auf dem verabredeten Tage zu Amsterdam über-
hoben wurden.

Zu diesem Tage waren nämlich inzwischen die Sendeboten der Städte mit den Westfriesen und Holländern am
24. Juni zusammengetreten[2]). Es kann hier nicht meine
Aufgabe sein, ihn, der reich an Verhandlungen, arm an
endgültigen Abmachungen war, ausführlich zu schildern,
zumal er in die ostfriesischen Verhältnisse gar nicht eingriff. Es genüge hier die Andeutung, daß anstatt des festen
Friedens, den die Hansestädte durch den hamburgischen Bürgermeister Meinhard Burtehude zwischen Holländern und Westfriesen zu vermitteln suchten, nur eine Verlängerung des
Waffenstillstandes bis zum 15. April, dann bis zum 25. Juli
1408 zu Stande kam[3]). Auch die Sühne zwischen den Westfriesen und den Städten selbst rückte um nichts weiter: wieder
brachten die Friesen allerlei Entschuldigungen vor und erreichten
abermals einen Aufschub ihrer Sache[4]); sie sollte, so beschloß
man nun, zu Groningen am 29. April ausgeglichen werden[5]).
Die ostfriesischen Verhältnisse kamen gar nicht weiter zur
Sprache.

---

[1]) K. H. R. V, 449 § 65, 2.
[2]) Das. p. 327 ff.
[3]) Das. 449, § 49 ff.
[4]) Das. 449, § 28, 29.
[5]) Das. 475.

In ben schriftlichen Verhandlungen, bie biesem Tage folgten, kam es, was bie friesischen Sachen anbetrifft, hauptsächlich barauf an, einen Termin für ben mit Haro und Enno zu haltenben Tag festzusetzen. Die Schiffshauptleute, bie ben Vertrag eingegangen waren, hatten bazu ben 25. März auserfehen[1]). Die preußischen Städte aber riethen jetzt, mit ben beiden Häuptlingen ebenfalls, wie mit ben Westfriesen, am 29. April zu Groningen zu unterhanbeln[2]). Allein auch babei blieb es nicht. Lübeck, damals in schwere innere Händel verwickelt, sah sich genöthigt, ben bis Ostern mit ihnen verabredeten Frieden bis zum 24. Juni zu verlängern und ben Tag zu Groningen auf ben 15. Mai zu verschieben[3]), einen Termin, ber allerbings weder ben preußischen noch ben livländischen Städten paßte[4]). Als bas Zustandekommen auch bieses Tages burch bie Zwistigleiten in Lübeck verhindert wurde, nahm Hamburg bie Sache in bie Hand und beraumte ihn auf ben 10. Juni an[5]). Kaum aber hatte ber Hamburger Rath ben Brief, in bem er biesen Termin ben preußischen Städten mittheilte, geschlossen, als, am 24. Mai, bie Nachricht eintraf, baß bie von ben Häuptlingen zwischen Ems und Weser gehaltenen Vitalienbrüder ausgeschwärmt seien, bereits zwei große und brei kleine Schiffe genommen hätten, und weiteren unermeßlichen Schaben zu thun brohten[6]). Schleunige Abhülfe war jetzt geboten, auf ben Tag zu Groningen konnte man nicht mehr warten.

Der Zeitpunkt schien so ungünstig wie möglich zu sein, war boch bas Haupt ber Hanse nicht im Stanbe, an einer Expebition theilzunehmen!

1) K. H. R. V, § 65, 2.
2) Das. 475.
3) Das. 492, 511.
4) Das. 495, 496.
5) Das. 511.
6) Das. 512.

Es ist oft für die Hanse verhängnißvoll geworden, daß aus der Kölner Konföderation nicht eine fest organisirte Bundesgewalt sich entwickelt hat, wie etwa die des schwäbischen Bundes in Süddeutschland. Lübeck hatte sich der Idee einer allgemeinen Bundesverfassung abgeneigt gezeigt, sei es nun, daß die verschiedenartigen Elemente, die den Hansebund bildeten, eine solche nicht ertragen hätten[1]), oder daß Lübeck, damals auf der Höhe seiner Macht, sich die volle Freiheit seines Thuns und Handelns durch eine gemeinsame Verfassung nicht wollte schmälern lassen[2]). Immer aber hatte doch das mächtige Haupt der Hanse einen gewaltigen Einfluß auf die einzelnen Glieder gehabt, und wenn es mit seinem Übergewicht eine Sache in Angriff genommen oder sich an einem Unternehmen betheiligt, diesem nicht allein durch seine eigene schwerwiegende Unterstützung Aussicht auf Erfolg gegeben, sondern auch durch den Druck, den es auf andere Städte ausübte, um sie zur Theilnahme zu veranlassen. So war es auch im Jahre 1400 gewesen. Jetzt aber lag die Sache wesentlich anders. Die zünftlerischen Bewegungen, deren Spuren sich seit einigen Jahrzehnten auch in Norddeutschland zeigten, hatten in Lübeck im Jahre 1408 einen derartigen Aufruhr hervorgerufen, daß der größte Theil des patricischen Rathes im Februar hatte die Stadt verlassen müssen[3]); er hatte sich nach Hamburg gewandt. In Lübeck aber war ein neuer zünftlerischer Rath an die Stelle getreten.

Daß Lübeck in einer solchen Epoche innerer Gährung sich nicht ernstlich in auswärtige Unternehmungen einlassen konnte, liegt auf der Hand. Andrerseits büßte es, wie natürlich, dadurch, daß das demokratische Element über das aristokratische triumphirt hatte, bei den übrigen Städten an Einfluß

---

[1]) K. H. R. II, p. VI.

[2]) Nitzsch, Nordalbingische Studien, in den deutschen Studien p. 286 ff. — Dersf. Deutsche Geschichte III, p. 285.

[3]) Wehrmann, der Aufstand in Lübeck. Hans. Geschichtsbl. 1878.

und Ansehen ein; hatte man doch einst Braunschweig aus demselben Grunde aus der Hanse ausgestoßen!

So fiel denn die Aufgabe, den bevorstehenden Kampf gegen die Seeräuber zu übernehmen und zu organisiren, allein der Schwesterstadt Hamburg zu. Auf Hülfe von den anderen Städten war, zumal bei der Dringlichkeit des Unternehmens, vor der Hand kaum zu rechnen. Doch unterließ Hamburg nichts, wenigstens nach allen Seiten hin eifrig um Hülfe zu mahnen; selbst mit dem neuen Rathe zu Lübeck haben Verhandlungen stattgefunden[1]), die später dazu führten, daß die Stadt 100 Gewappnete ausrüstete. Sonst hatte man, außer etwa einigen Schiffen von den holländischen Städten, nur Beiträge zu den aufgewandten Kosten zu erwarten, wie namentlich von den Preußen[2]).

Einen gewissen Ersatz bot aber die Aussicht auf die Hülfe Kenos tom Brok, der sich noch einmal in einem bringenden Brief an Hamburg, Lübeck und die übrigen Städte gewandt hatte[3]). Hisko, Folkmar, Hayke von Falbern thäten mit den Seeräubern unendlichen Schaden, so schrieb er; in Falbern seien mehr als 300 derselben versammelt; zum letzten Mal böte er seinen Beistand an und verlange eine feste Antwort. Dieses Mal hütete Hamburg sich, Keno zurückzuweisen.

Im Juni liefen von Hamburg zunächst zwei Koggen und drei kleine Schiffe mit 300 Gewappneten aus[4]). Die von ihnen verfolgten Vitalienbrüder flohen zu Hayke auf dessen an der Ems gelegenes Schloß Falbern; vier von ihnen kurz vorher genommene Schiffe führten sie mit sich und legten sie hart vor dem Schloß vor Anker. Die Hamburger fuhren ihnen nach und begannen eine Belagerung Falberns. Allein

---

1) K. H. R. V, 515 ff.
2) Das. 513.
3) Friedl. I. 211.
4) Vgl. für das Folgende Hamburgs Briefe an die preußischen Städte. K. H. R. V, 527 u. 530

zu einer solchen reichten die Kräfte nicht aus. Von Neuem rüstete Hamburg drei Schiffe mit 150 Gewappneten und schickte sie den Belagerern zur Verstärkung. Zugleich ging man die anderen Städte um Hülfe an, aber weder von Lübeck noch von den anderen wendischen Städten, noch von den Preußen konnte man etwas erlangen; einzig und allein Campen und Amsterdam sandten einige Schiffe. Doch versprachen die preußischen Städte wenigstens nochmals, gern zu den Kosten beitragen zu wollen[1]). Darauf hin sandte Hamburg noch einmal 200 Mann aus, und nun gelang es — es war Ende Juli oder Anfang August — Faldern mit Sturm zu nehmen. Der größte Theil der Seeräuber entkam; einer ihrer Hauptleute aber, Hake mit Namen[2]), wurde gefangen genommen, an Ort und Stelle hingerichtet und aufs Rad gelegt; mehrere andere Gefangene fanden zu Hamburg den Tod durch Henkershand. Man bemannte die Burg und zog weiter vor das Schloß Folkmar Allenas, Osterhusen; auch dieses wurde gewonnen und erhielt eine Besatzung. Noch war ein gutes Stück Arbeit übrig, denn noch standen die festen Burgen Haros und Ennos, der beiden Hauptübelthäter. Man wünschte, um sie einnehmen zu können, neue Verstärkung, und nochmals

---

[1]) K. H. R. V, 528.

[2]) Sippen p. 51, Anm. 2, will, im Gegensatze zu Koppmann und Friedländer, in diesem Hake den Häuptling Hayke von Faldern sehen, wol mit Unrecht. Zunächst deutet schon die ganze Ausdrucksweise „een hovetman van en, geheten Hake", nicht auf den Häuptling, den Besitzer des eroberten Schlosses. Ferner findet sich in dem Testamente, das Wiard von Uphusen, Haykes Sohn, im Jahre 1461 machte, und in dem er die gegen seine nächsten Vorfahren begangenen Ungerechtigkeiten aufzählt (Friedl. I, 774), nichts von dieser Hinrichtung des Vaters, obwol die Eroberung und Zerstörung der Burg berichtet wird. Endlich — und das ist ausschlaggebend — heißt es in dem Vertrage Hamburgs mit Keno vom 24. Aug. 1408 (Friedl. I., 215): „Wenn jemand die nun niedergeworfenen Häuptlinge Enno, Hayke von Faldern und Aylt aufnehme, so solle Keno das hindern helfen"; und ferner: „Den von der Ennenburg, Pylsum und Faldern Vertriebenen sollen diese Burgen nie wieder eingeräumt werden, es sei denn mit Willen Kenos und der Städte". Diese Stellen zeigen, daß Hayke am 24. Aug. noch am Leben war, am 16. also, dem Datum des Briefes, in dem jene Notiz sich findet, nicht hingerichtet sein konnte.

rüstete Hamburg 200 Mann aus; auch Lübeck brachte dieses
Mal 100 auf. Allein noch ehe diese 300, die durch widrigen
Wind auf der Elbe zurückgehalten wurden, ankamen, fielen
die Burgen der beiden verderblichen Brüder zu Greetsyl und
Norden, dann auch die einiger anderer Häuptlinge zu Nesse,
Erle, Berum und Pylsum[1]).

Das war ein unerwartet glänzender Erfolg! Fragt man,
wem derselbe zuzuschreiben ist, so lautet die Antwort natürlich,
in erster Linie den Hamburgern, die nicht umsonst sich in
große Kosten gestürzt hatten[2]), und nun voll Zuversicht an die
preußischen Städte schrieben, sie hofften „oft God wil, ib so
to bestellende, dat in der jeghene neene vitalienbrodere mer
untholden scholen werden"[3]). Aber daneben wird man doch
auch den Beistand Kenos nicht unterschätzen dürfen, der that-
kräftig eingegriffen und die Hansen bei der Eroberung der
Burgen unterstützt hatte[4]). Der Lohn dafür blieb nicht aus.
In einem Vertrage, den die Führer der hamburgischen Expedition, der Bürgermeister Meinhard Buxtehude und die Rathmannen Nicolaus Schoke, Marquard Henningh und Dietrich
van dem Haghen, zu Nutz und Frommen der gemeinen Städte
und des Kaufmanns, und zum Schaden der Vitalienbrüder,
mit Keno eingingen[5]), erhielt dieser für sich und seine Erben
Nesse, Erle, Berum, Greetsyl und Osterhusen mit der Be-
dingung, daß diese, wie alle anderen Schlösser Kenos, für die
Städte jederzeit offen sein sollten; Faldern, Pylsum und Ennos
Burg zu Norden, die man zerstört hatte, sollten nur mit Einwilligung Kenos und der Städte wieder aufgebaut werden.

Keno hatte einen großen Triumph gefeiert. Keineswegs
aber darf man glauben, er habe etwa im Gegensatz zu den

---

1) Friedl. I. 215.
2) Nach K. K. R. II hat Hamburg für die Expedition 8328 ℔
14 β 7 ₰ aufgewandt, wozu Wismar 80 ℔, die preußischen Städte 960 ℔
beisteuerten.
3) K. H. R. V. 530.
4) Friedl. I. 215.
5) Das.

anderen Häuptlingen es als ein Unrecht angesehen, Vitalien=
brüder zu halten: das widerspräche ebenso sehr seinem früheren,
wie seinem späteren Verhalten. Wenn er aber in den letzten
Jahren sich wirklich dem Seeräuberwesen gegenüber feindlich
gezeigt hatte, so muß er damit einen bestimmten Zweck ver=
folgt haben. Alles scheint darauf hinzudeuten, daß er seit dem
Jahre 1400 eine ganz zielbewußte Politik eingehalten, und
durchschaut hat, daß er durch Anschluß an die Hansestädte viel
weiter kommen würde, als die übrigen Häuptlinge durch alle
ihre Experimente mit den Vitalienbrüdern. Darum entschul=
digte er sich im Frühjahr 1400 unaufgefordert bei den Städten
und gab das Versprechen, eine Vertreibung der Vitalienbrüder
aus Ostfriesland zu versuchen, darum blieb er, trotz aller
Kränkungen, die er im Sommer 1400 von den Städten er=
litten, doch auf ihrer Seite, darum machte er sie in den fol=
genden Jahren fortwährend auf das Treiben der feindlichen
Gesellen aufmerksam, und darum leistete er endlich 1408 er=
wünschte Hülfe. Nach geduldigem Ausharren hatte er nun
einen großen Erfolg zu verzeichnen: ohnehin schon mächtig,
hatte er den Besitz seines Hauses um fünf feste Plätze vermehrt.

Es war selbstverständlich, daß Keno sich durch seine
Handlungsweise in Friesland die bittersten Feinde erwarb,
und darauf kam nun in den folgenden Jahren für ihn
Alles an, ob und wie er den Kampf mit ihnen bestehen
würde. Er hatte im Allgemeinen weniger zu fürchten von
den Häuptlingen, deren Burgen er jetzt in Besitz hatte, denn
ihre Kraft war durch die Niederlage vorläufig gebrochen; die
größte Gefahr für ihn lag vielmehr in Emden, bei seinem
alten Feind Hisko.

Hisko war von den Hamburgern 1408 ganz unbehelligt
gelassen. In dem Vertrage zwischen Keno und Hamburg war
sogar ausdrücklich bestimmt, daß Hisko in seinen Besitzungen
nicht geschmälert werden sollte; nur wurde von ihm gefordert,
er solle die Siele und Ländereien bei Osterhusen und Faldern

unangefochten lassen, widrigenfalls Keno Falbern sollte wieder aufbauen dürfen. Es befremdet sehr, daß ihm, der doch von Keno mehrfach bei den Städten verklagt worden und ohne Zweifel einer der Hauptübelthäter gewesen war, gar nichts geschah. Leider lassen unsere Quellen uns hier im Stich, nur geben sie uns vielleicht einige Andeutungen, in welcher Richtung die Lösung dieses Räthsels zu suchen ist[1]).

Wir haben bereits früher beobachtet, wie Hisko es verstand, eine schlaue, doppelzüngige Politik zu befolgen, indem er einerseits die Vitalienbrüder nach Kräften unterstützte, andrerseits die Hansestädte für sich zu gewinnen wußte. Diese Politik hatte er auch ferner eingehalten, wie es scheint, mit gutem Glück. Unsere friesischen Quellen wissen uns sogar zu erzählen, Hisko sei eine Zeit lang mit den Hansestädten gegen Keno verbündet gewesen. Im Jahre 1407 nämlich, so berichtet Emmius[2]), starb Enno Haytabisna von Larrelt. Erbin war seine Gemahlin Sibba, eine Tochter Folkmar Allenas. Hisko nun, ein Verwandter des verstorbenen Enno, wollte ihr das Erbe streitig machen, und darüber erhob sich zwischen ihm und Keno, der es ihm nicht gönnte, ein Kampf. Hisko verband sich mit den Lübeckern und Hamburgern, die gerade Flotten ausgesandt hatten, und schreckte mit ihrer Hülfe Keno so, daß dieser erst mit ihm Frieden schloß, dann mit den Hansen ein Bündniß einging. Darauf theilt Emmius die Einnahme von Falbern und die weiteren Ereignisse, die ins Jahr 1408 fallen, mit. Wie unklar nun auch dieser Bericht ist, und wie viel Falsches er im Einzelnen enthalten mag, so werden wir doch die angeführte Verständigung Hiskos mit den Städten nicht ohne Weiteres von der Hand weisen dürfen, da wir sie auch in einem urkundlichen Aktenstück erwähnt finden. In dem

---

[1]) Wippen p. 51 meint: „Hisko mochte, nachdem Osterhusen in Kenos Hände gekommen und diesem gestattet war, ev. Falbern aufzubauen, für hinreichend gedemüthigt gelten". Ich glaube nicht, daß dies die Sache genügend erklärt.

[2]) p. 249.

Testament Wiards von Uphusen[1]) heißt es nämlich gleichfalls, Reno habe mit Hisko Krieg geführt und die Hansestädte seien diesem zur Hülfe gekommen, worauf die beiden Häuptlinge Frieden geschlossen hätten; dann wird wiederum die Einnahme von Falbern erzählt. Danach scheint es in der That, als seien die Hansen, die ja im Jahre 1407 ihre Friedeschiffe an der friesischen Küste hatten, für Hisko gegen Reno eingetreten.

Dazu kommt noch eins. Aus den Kämmereirechnungen von Deventer zum Jahre 1408[2]) geht hervor, daß Hisko die Groninger vor Vitalienbrüdern, die sich bei Groningen zu versammeln gedächten, gewarnt hat, und ferner, daß ein Tag zu Groningen angesetzt wurde, auf dem Hisko sich mit den Städten besprechen wollte wegen Vertreibung der Seeräuber. Das zeigt deutlich, wie der kluge Propst es verstand, sich bei den Städten in ein möglichst gutes Licht zu setzen, indem er sich als Feind der Vitalienbrüder gebärdete.

Hält man dies Alles zusammen, so, meine ich, wird es verständlich, wie Hisko dem Strafgericht der Hamburger ent= gehen konnte: es muß ihm gelungen sein, das Vertrauen, das er den Städten früher eingeflößt hatte, auch jetzt zu gewinnen.

Als die Hamburger nach ihrem siegreichen Zuge heim= kehrten, ließen sie Reno und Hisko äußerlich in Frieden zurück. Allein ein gutes Verhältniß zwischen beiden war unmöglich; immer offener trat es zu Tage, daß sie neben einander nicht leben konnten. Sie waren damals unzweifelhaft die mächtigsten Häuptlinge Ostfrieslands. Reno besaß Brokmerland und Aurich, hatte die Herrschaft im Lengenerland, Moormerland und Over= lebingerland, nannte zudem Gebiete in Norden, Ostringen, Harlingen und im Emsigerland die seinigen. Hisko hatte so ausgedehnte Besitzungen zwar nicht, dafür besaß er, was Vieles aufwog, Emden. Als weltlicher Propst über das bischöflich

---

[1]) Friedl. I 774.
[2]) Friedl. II 1750.

münsterſche Sendgericht in Emden und Umgegend geſetzt[1]),
hatte er es verſtanden, ſeine Macht ſo zu erhöhen, daß er ſich
Häuptling von Emden nennen konnte. Die bedeutende Stellung,
die er durch den Beſitz der großen, die Mündung der Ems
beherrſchenden Stadt einnahm, reizte ihn, ſeine Herrſchaft über
das ganze Emſigerland und darüber hinaus auszubreiten.
Eben hier ſtießen ſeine Intereſſen vor allem mit denen Renos
zuſammen, zumal nachdem dieſer durch den Vertrag vom
Jahre 1408 nun die in unmittelbarer Nähe Embens liegende
Burg Oſterhuſen bekommen hatte und eventuell die ebenfalls
nahe gelegene Burg Faldern ſollte wieder aufbauen dürfen.
Mit Hiskos Plänen war eine derartige Stellung Renos un-
vereinbar.

Noch im Jahre 1408 brach der offene Kampf zwiſchen
den Rivalen aus. Auf Hiskos Seite traten natürlich die
Häuptlinge, die im Vorjahre durch Reno und die Hamburger
ſo große Verluſte erlitten hatten. Es würde mich hier zu
weit führen, wollte ich auf die Einzelheiten dieſer inneren
Kämpfe, wie ſie uns geſchildert werden in den Aktenſtücken
der ihnen folgenden Verhandlungen zu Meppen[2]), genauer
eingehen. Auf alle denkbare Weiſe ſuchte man ſich gegenſeitig
zu ſchaden: Burgen wurden genommen, Siele und Deiche
zerſtört, Gotteshäuſer niedergebrannt, Gefangene ermordet,
kurz die Kämpfe bieten ein widerliches Bild inneren Zwiſtes.
Reno, der ſich ſeiner Gegner auf die Dauer nicht gewachſen
fühlen mochte, wandte ſich bereits im Anfange des Jahres 1409
an die Hanſeſtädte, und ließ ſie durch ſeinen Kaplan Almer
bringend bitten, ſie möchten ihn nicht verlaſſen[3]). Hisko dagegen fand Hülfe bei ſeinem Diöceſanherrn, dem Biſchof
Otto IV. von Münſter, dem er ſeine Burg in Emden als

---

[1]) Vgl. über dieſes eigenartige frieſiſche Inſtitut in der münſterſchen
Diöceſe: Richthofen II, p. 939 ff, 1149 ff.
[2]) K. H. R. V, 580, 642.
[3]) Daſ. 567.

offenes Haus einräumte[1]). Diesem gelang es endlich, zu=
sammen mit Rathsherrn aus Hamburg und Lüneburg, die
feindlichen Partheien in Emden zu einem Kompromiß zu
bringen, gemäß dem sie sich einem Schiedsgericht unterwerfen
wollten[2]). Zu Meppen trat dieses, das aus hamburgischen
und lüneburgischen Rathsherrn und dem Bischof von Münster
bestand, im Juni 1409 zusammen[3]). Eine Einigung ward
nicht erzielt, vielmehr ein neuer Tag zu Meppen für den
8. December anberaumt[4]). Hier gaben die hansischen Raths=
herrn ihren Spruch ab; auf jede einzelne Klage und Gegen=
klage der feindlichen Häuptlinge gaben sie umständlich Be=
scheid, allein eine unmögliche Aufgabe war es doch, in diesen
unendlich verwickelten kleineren und größeren Mißhelligkeiten
Entscheidungen zu treffen, die die eifersüchtigen Friesen aner=
kennen würden. Es war nicht anders denkbar: der Schieds=
spruch konnte höchstens einen momentanen Stillstand, nimmer=
mehr einen Abschluß iu den friesischen Kämpfen bedeuten.
Die Städte selbst hielten die Sache nicht einmal für abgemacht,
denn auf einem Tage, den man im April 1410 zu Münster
mit dem Bischof halten wollte, sollte über den Streit zwischen
Keno und Hisko weiter verhandelt werden[5]). Leider ist uns
über den Verlauf dieses Tages nichts bekannt[6].)

In den nächsten drei Jahren hören wir nichts von
Streitigkeiten zwischen den beiden Feinden: es war die Ruhe
vor dem Ausbruch des Gewitters. Wol aber sollten in diesen
Jahren die Hansestädte wieder in unliebsame Berührung mit
den Friesen kommen, und zwar dieses Mal mit Keno selbst.
Sie mußten es erleben, daß der Mann, mit dem sie vereint
gegen die Vitalienbrüder gekämpft und dem sie dann zu großer

---

1) Friebl. I, 219.
2) K. H. R. V, 580 § 2.
3) Daf. p. 458 ff.
4) Daf. p. 496 ff.
5) Daf. 654 § 6.
6) Daf. p. 543.

Macht verholfen hatten, jetzt offen und rücksichtslos das Un=
wesen begünstigte.

Schon auf dem ersten Tage zu Meppen war Keno der
Vorwurf gemacht worden, er halte Vitalienbrüder. Seine
Antwort lautete, er habe seine Diener gegen den Grafen von
Holland, der sein Feind sei, ausgesandt; wenn die dem Kauf=
mann etwas genommen hätten, so sollten sie es wiederer=
statten[1]). Um ähnlichen Geschehnissen vorzubeugen, suchten
aber die Städte nun einen Frieden zwischen Keno und Wilhelm
von Holland, mit dem, wie wir uns erinnern, 1408 nur die
Westfriesen einen Vertrag eingegangen waren, zu vermitteln.
Das gelang ihnen. Im März 1410 kam ein Friede bis zum
25. Juli zu Stande, der dann bis Ostern 1411 verlängert
wurde[2]). Allein Keno änderte sein Betragen keineswegs.
Fortwährend hörte man Klagen über den erlittenen Schaden,
und die Städte machten sich bereits wieder mit dem Gedanken
vertraut, eine Expedition aussenden zu müssen. Auf einem
Tage zu Hamburg, das in dieser Zeit immer mehr an die
Stelle Lübecks trat, faßte man im April 1410 den Beschluß,
wenn das Unwesen nicht aufhöre, eine Flotte, doppelt so groß
als die des Jahres 1407, auszurüsten[3]). Dazu ist es aller=
dings nicht gekommen, zumal auch Hamburg in diesem Jahre
durch zünftlerische Unruhen, die sich in seinen Mauern regten,
stark in Athem gehalten wurde[4]). Vielmehr betrat man, als
im Jahre 1411 neue Klagen, besonders der preußischen Städte,
über Gewaltthaten der Vitalienbrüder Kenos laut wurden,
wieder den altbeliebten Weg der Verhandlungen. Im Früh=
jahr suchten Hamburg und Bremen mit Keno Unterhandlungen
anzuknüpfen[5]), aber es kam zu nichts Rechtem; Kenos aus=
weichende Antworten lauteten wenig tröstlich, und besorgt

---

[1]) K. H. R. V. 580, § 11, 12.
[2]) Friedl. I. 224, 225.
[3]) K. H. R. V. 705, § 18, 714.
[4]) Tratziger, p. 129.
[5]) K. H. R. VI. 14, 15.

schrieb Bremen in einem Brief an Danzig, dem Vernehmen nach wolle Keno neue Vitalienbrüder, deren sich bereits 300 gesammelt hätten, aufnehmen, um den Kaufmann zu schädigen; man müsse etwas dagegen thun[1]). Allein der Sommer verging, ohne daß man Gegenmaßregeln ergriff; erst am 1. November kam die Sache auf einer Versammlung in Wismar zur Sprache. Hamburg sollte, so beschloß man, zu bewirken suchen, daß Keno oder sein Bevollmächtigter auf der nächsten allgemeinen Tagfahrt erscheine[2]). Zu Lüneburg fand diese am 10. April 1412 statt; es war dieselbe, auf der ausgesprochen wurde, als Ersatz für Lübeck solle vorläufig Hamburg unter Lüneburgs Beirath als Haupt des Kaufmanns gelten[3]). Als Abgesandter Kenos erschien sein Kaplan Almer. Er klagte über den Schaden, den Keno von den preußischen und livländischen Städten erlitten habe, während auf der anderen Seite diese ihre Vorwürfe gegen Keno erhoben. Die Schäden beider sollten sich gegenseitig aufheben, lautete dem gegenüber der Beschluß der Städte, und die preußischen und livländischen Sendeboten sollten suchen, wenn sie heimgekehrt seien, die Ihren diesem Beschluß geneigt zu machen[4]). Ferner aber sollte — und Almer stimmte zu — Keno gemäß den früheren Verträgen keine Vitalienbrüder aufnehmen, sondern den Kaufmann beschützen, auch Edo Wimken, den alten Feind der Bremer, auffordern, die seinigen zu entlassen[5]).

Damit war die Sache vorläufig abgethan. Die Hansestädte sahen sich in den nächsten Jahren nicht veranlaßt, in die friesischen Verhältnisse einzugreifen, obwol dieselben eine wesentliche Umgestaltung erfuhren. Es fiel nämlich im Jahre

---

[1]) K. H. R. VI. 15.
[2]) Das. 50, § 7.
[3]) Das. 68, § 18.
[4]) Das. 68, § 28, B. § 39. Das Letztere gelang: Auf einer Versammlung zu Marienburg beschloß man, auf Schadenersatz zu verzichten. (Das. 97.)
[5]) Das. 68 § 30, B. § 37, 38.

1413 die Entscheidung zwischen Reno und Hisko. Ein an sich unbedeutendes Ereigniß führte dieselbe herauf.

Den Unterthanen Eberhard Idzingas zu Norden nämlich, der ein Schwager Renos war[1]), waren auf der Ems von Emden und Larrelt aus Güter geraubt worden. Hisko, als Häuptling von Emden, und Enno Edzardisna, als Besitzer von Larrelt[2]), wurden für den Schaden verantwortlich gemacht. Für seinen Schwager trat Reno, der selbst gleiche Unbilden erfahren[3]), in die Schranken. Anfangs schien ein gütlicher Ausgleich möglich, denn beide Partheien erkannten das Schiedsgericht des Groninger Rathes an[4]). Dessen Spruch lautete dahin, daß, wenn die Räuber der Güter zu Emden und Larrelt wohnten und von dort ausgefahren seien, Hisko und Enno den Schaden ersetzen sollten[5]).

Die beiden Häuptlinge folgten dem Schiedsspruch keineswegs; es hängt dies zum Theil mit den inneren groningischen Verhältnissen zusammen.

Seit langen Jahren war nämlich Friesland, vornehmlich Westfriesland, von dem Gegensatze zweier Partheien, der Schiringer und Vetkoper[6]), erfüllt, der oft zu den erbittertsten Kämpfen führte. Dieser Partheihader nun machte sich gerade damals auch in Groningen geltend, und die schiringische, demokratische Partei suchte den vetkoperschen, aristokratischen Rath zu stürzen. Hisko, der es stets mit den Schiringern gehalten hatte, verband sich auch jetzt mit ihnen. Die Folge

---

[1]) Vgl. Wiarda I, Stammtafel X.

[2]) Larrelt war in dem Kampfe, der sich nach seines Besitzers Enno Haytabisna Tod entsponnen hatte, seiner Wittwe Sibba, die in zweiter Ehe mit Eberhard Idzinga vermählt war, schließlich entrissen worden und in den Besitz Renos gekommen. Dieser aber hatte es in den Kämpfen des Jahres 1409 an Enno Edzardisna, den ehemaligen Häuptling zu Norden, verloren, dem es auch nach dem Frieden von Meppen geblieben war.

[3]) Friedl. I. 241.

[4]) Friedl. I. 237. Das Regest „Reno unterwirft sich in seinem Streite mit den Nordern rc." ist nicht richtig.

[5]) Das. 238.

[6]) Vgl. darüber Wiarda I. 348, Klopp I. 170.

war, daß er sich durch jenen Spruch des aus Vetkopern be-
stehenden Rathes keineswegs mehr gebunden erachten konnte,
zumal als es der schiringischen Parthei unter Führung Coppen
Jarichs wirklich gelang, zu triumphiren, die vetkoperschen
Rathsherrn theils zu ermorden, theils zu verjagen, und einen
neuen Rath zu bilden[1]). Da führte Keno einen entscheidenden
Streich. Kurz entschlossen zog er von allen Seiten Truppen
zusammen, marschirte plötzlich gegen Emden selbst und nahm
die Stadt in Besitz[2]). Hisko entkam, er floh nach Groningen
und suchte hier beim Rath Schutz und Hülfe. Keno aber, zu
dem die vertriebenen groningischen Vetkoper geflüchtet waren,
nahm drei Tage nach der Eroberung Embens auch die groningische Burg Termünten, offenbar um gegen Angriffe von
Groningen her einen Stützpunkt zu haben; denn es war klar,
daß, wollte er Emden behaupten, er harte Kämpfe mit Hisko
und dessen groningischen Freunden würde zu bestehen haben

Der groningische Rath suchte zunächst Hülfe bei den
Hansestädten. In einem Schreiben an Lübeck[3]) klagte er Keno
wegen Friedensbruches an und wies darauf hin, welche Gefahr
für den Kaufmann es in sich berge, wenn der mächtige Gegner,
der schon früher durch Seeräuber so viel geschadet habe, nun
Emden in seinem Besitze behielte; zu gemeinsamem Vorgehen
gegen den Räuber forderte er am Schlusse des Briefes auf.
Keno vertheidigte sich in einem offenen Schreiben[4]): er wies
die einzelnen Beschuldigungen zurück, rechtfertigte sein Verfahren und betonte, es sei nicht wahr, daß er eine „mortkule
van seroveren" aus Emden machen wolle, vielmehr werde er
die Kaufleute beschützen, nur nicht die Groninger und ihre
Helfershelfer.

Wir finden nicht, daß der groningische Brief einen Eindruck auf die Städte gemacht habe, noch daß diese sich über-

---

[1]) Ben. p. 184 ff. Emm. p. 259 ff.
[2]) Friedl. I. 240, 241. Ben. p. 183. Emm. p. 259.
[3]) Friedl. I. 240.
[4]) Daf. 241.

haupt um die entstandenen Wirren gekümmert hätten. Mit
dem schiringischen Rath mochten sie keine Beziehungen an-
knüpfen wollen, und dann konnte es ihnen an und für sich
auch ziemlich gleichgültig sein, ob Emden in Hiskos oder
Kenos Hand war: Täuschungen hatten sie von beiden erfahren.

So nahmen denn die Groninger den Kampf gegen Keno
allein auf. Gleich nach dem Fall Emdens hatten sie das dies-
seitige Ufer der Ems mit Besatzungen versehen, um sich und
die benachbarten Länder zu schützen und Keno womöglich die
Zufuhr abzuschneiden[1]). Der offene Krieg brach 1414 aus[2]).
Er beschränkte sich in diesem Jahre wesentlich auf Brand-
schatzungen und kleinere Scharmützel[3]), in deren einem Kenos
Schwager Eberhard Idzinga fiel. Der Winter brachte einen
Stillstand, aber im folgenden Jahre tobte der Kampf, zu dem
die Groninger sich mit mehreren der Umlande verbunden
hatten[4]), mit erneueter Heftigkeit. Mitte September[5]) gelang
es den Truppen Kenos Groningen einzunehmen, während
Coppen Jarichs die Stadt verlassen hatte, um eine Flotte bei
Farmsum am Landen zu hindern. Coppen mußte sein Heil in
der Flucht suchen. Die Stadt aber wurde den vertriebenen
Vetkopern von Keno zurückgegeben, der selbst den Rath bestimmte und dann im October zu Emden einen förmlichen
Frieden mit den Groningern abschloß[6]).

Keno stand nun auf dem Gipfel seiner Macht! Seit er
Emden behauptet hatte[7]) und den größten Theil der Ems

---

1) Friedl. I. 240.
2) Ben. p. 185 ff. Emm. p. 261 ff. Rufus p. 547.
3) Ob, wie Beninga erzählt, Keno Groningen in diesem Jahre für
eine kurze Zeit erobert hat, scheint mir sehr fraglich. Emmius, der mit
den groningischen Verhältnissen sehr vertraut ist, weiß nichts davon.
4) Friedl. I. 245.
5) Ben. giebt den 14., Emm. den 16. September an, was wol
damit zusammenhängt, daß bei Ersterem Alles in einer Nacht passirt,
während bei Letzterem Coppen drei Tage der Flotte Kenos gegenüberliegt.
6) Friedl. I. 249.
7) Daß Hisko dem Keno noch kurz vor dessen Tod Emden wieder
abgewonnen hat, wie Beninga p. 190 will, ist falsch. Kenos Sohn, Ocko,

beherrschte, seit er Hisko vertrieben und ohne Ansehen wußte,
seit er auch zu Groningen einflußreiche Beziehungen unterhielt,
hatte er in Ostfriesland ein unbestrittenes Übergewicht.
Welche Aussichten für die Zukunft, wenn er auf dem einge=
schlagenen Wege weiter wandelte! Das aber sollte ihm nicht
beschieden sein. Noch einmal, im Jahre 1417, eilte er auf
die Kunde, die vertriebenen Schiringer hätten sich gesammelt
und rückten aufs Neue gegen Groningen, über die Ems. Bei
Nordhorn im Hunsingerland stieß er auf den Feind und siegte
glänzend[1]). Es war seine letzte große That. Zurückgekehrt
nach Ostfriesland starb er im kräftigsten Mannesalter, kurz
nach dem Tode seines alten Gegners Folkmar Allena[2]).

„Er war ein Mann", sagt Emmius, „von hohem,
stolzem, unbeugsamem Muth, der es trotzdem verstand, die
Gunst der Menge zu erwerben; schlagfertig in Rath und That
würde er, hätte er länger gelebt, zur Alleinherrschaft in Ost=
friesland gelangt sein und diese Stellung behauptet haben."
Wird man auch bei den schwankenden Verhältnissen Ostfries=
lands den letzten Behauptungen nicht unbedingt zustimmen
dürfen, so kann man doch sagen: Er war der erste, der einen
verheißungsvollen Anlauf zu dem großen Ziel genommen hat.

* * *

III. Kapitel.
Der Sturz des Brokischen Hauses.

War der Schauplatz der hansisch=friesischen Wirren bisher
hauptsächlich der westliche Theil Ostfrieslands gewesen, und
hatten auf ihm Lübeck und Hamburg, zuletzt Hamburg allein,

---

nennt sich nach dem Tode des Vaters von vorn herein hovetling to . . . .
ende Emeden.. (Friedl. I, 253.)
  [1]) Ben. p. 190. Emm. p. 265.
  [2]) Ben. p. 190. Emm. p. 266.

von den anderen Städten mehr oder weniger unterstützt, im
Vorbertreffen gestanden, so wurde dieses im folgenden Jahr=
zehnt anders[1]): Bremen und die östlichen Länder, die übrigens
bereits während der ganzen Zeit in Unfrieden gelebt hatten,
traten ganz entschieden in den Vorbergrund. Es liegt nicht
in meinem Plan, auf die bremischen Fehden genauer einzu=
gehen. Wol aber ist es nöthig zum Verständniß der späteren
Ereignisse, des erneuten Eingreifens der Hamburger und ihrer
Erfolge, an den Hauptmomenten der Entwicklung Frieslands
in der Zwischenzeit nicht achtlos vorüberzugehen, und dabei
werden allerdings die Kämpfe mit Bremen hier und da be=
rührt werden müssen.

Keno hinterließ bei seinem Tode einem noch unmündigen
Sohn, Ocko, seine ganze große, aber noch keineswegs gesicherte
Macht, die bei den damaligen Zuständen in Ostfriesland un=
bedingt einer starken Hand bedurfte. Denn die Lage Fries=
lands war durchaus nicht erfreulich. Das ganze Land litt
jetzt unter den Partheikämpfen der Schiringer und Vetkoper;
vertriebene und zurückgesetzte Häuptlinge suchten stets von
Neuem wieder Einfluß zu gewinnen; junge, noch unbekannte,
strebten empor. Im Volke aber begann sich allgemach ein
gewisser Gegensatz gegen die Häuptlinge zu regen. Aus den
letzten Tagen Kenos stammt jener merkwürdige „Traktat von
den sieben Seelanden“, der von sieben ehemals selbständigen
und freien Staatskörpern in Friesland fabelte, und seine
Spitze direkt gegen die herrschaftlichen Gewalten, besonders
gegen Keno, dem er große Schlechtigkeit vorwirft, richtete[2]).
Es kam den Bestrebungen des Volks zur Hülfe, daß eben in
diesen Jahren der deutsche Kaiser in die friesischen Verhältnisse
eingriff, ein seit langer Zeit unerhörtes Verfahren, das das
Maß der Verwirrung voll machte!

---

[1]) Es steht wol nicht zu erwarten, daß der noch fehlende 7. und 8. Band
der Hanserecesse hier große Überraschungen bringen werden.
[2]) Vgl. Richthofen II, p. 1 ff.

Friesen selbst scheinen Kaiser Sigismund bestimmt zu haben, sich in die Angelegenheiten ihres Landes einzumischen. Als er sich auf seiner großen Reise durch Europa im November 1416 in Nymwegen befand, nahten sich ihm friesische Männer und bewiesen ihm ihre Hochachtung[1]). Von Aachen aus schickte er dann einen Monat später zwei Gesandte zu den Friesen, die mit ihnen über ihre alte Freiheit, daß sie nur dem Reiche, sonst Niemandem unterständen, verhandeln sollten. Westfriesische Gemeinden baten nun ihrerseits durch Boten den Kaiser um Bestätigung ihrer alten Privilegien. Dieselbe erfolgte im Herbst des nächsten Jahres von Constanz aus; zugleich sandte Sigismund Siegfried von Wenninghen und Nicolaus Bunzlow als Bevollmächtigte, um die kaiserlichen Rechte in Friesland zu vertreten und die dortigen Verhältnisse zu ordnen[2]). Daß sich dagegen Alles auflehnte, was Hoheitsrechte in Friesland zu haben glaubte, vor allem also die ostfriesischen Häuptlinge, die Stadt Groningen und der Graf von Holland, liegt auf der Hand. Bald herrschte eine heillose Verwirrung.

Inmitten aller dieser Gegensätze das von dem Vater überkommene Erbe zu behaupten, war die nächste Aufgabe, die Ocko zufiel. Bei seiner Jugend lag Alles daran, ob er treue Rathgeber und Freunde, ob er ein gutes Verhältniß zu den mächtigeren der übrigen Häuptlinge finden würde. Auf die Gesinnung zweier Männer kam es dabei vornehmlich an; es waren dies Focko Ukena, einer von Ockos sieben Vormündern[3]),

---

[1]) Deutsche Reichstagsakten VII. Nr. 198: „in Nymwegen wurde in von manglichen nnd besunder von den usser Friessennlande, die zü im komen, große zucht und ere erpotten." Eben aus dieser Stelle, verbunden mit den Worten Sigismunds bei Friebl. I. 252: „wy hebben vornamen und synnen des ock egentlich underwiset worden, dat gi van oldes heer . . . . gefriet sint zc., möchte ich schließen, daß Friesen selbst die Einmischung des Kaisers veranlaßt haben.

[2]) Friebl. I. 254, 255.
[3]) Daf. 253.

und Sibet Papinga, Häuptling zu Rustringen, der mit einer
Schwester Okos vermählt war.

Focko Ukena, aus einer abligen, aber unbedeutenden und
ärmlichen Familie entsprossen, hatte sein bisheriges Leben dem
Dienste des Brokischen Hauses gewidmet. Er war es gewesen, der einst Wibzel in einer todbringenden Fehde bei
Detern bekämpft, und so Keno den Weg zur Herrschaft ge-
bahnt hatte[1]. Treu hatte er dann in guten und bösen Tagen
zu diesem gestanden, hatte mit ihm 1408 und 1409 gegen
Hisko und Enno gekämpft[2], und sich ganz besonders ausgezeichnet in den letzten Kriegen mit Groningen: der Sieg bei
Nordhorn 1417 war wesentlich sein Verdienst[3]. Damals
hatte er bereits eine mächtige und ziemlich selbständige Stellung
inne. Schon Kenos Vater nämlich hatte ihn als Verwalter
seiner Güter zu Leer im Mormerland eingesetzt, und ihm
erlaubt, dort eine Burg zu bauen[4]; Keno erweiterte diese
Stellung: er übertrug, nachdem er das ganze Mormerland,
Overledingerland und Lengenerland seiner Herrschaft unter-
geordnet hatte, diese drei Länder dem unentbehrlichen Freund
als Lehen[5]. „Kein Landesherr", sagt jener Traktat von 1417,
„konnte diese Lande bezwingen, als Focko." So kraftvoll
erschien den Zeitgenossen schon damals die Persönlichkeit dieses
Mannes, der sich ein Jahrzehnt später zum Herrn Ostfrieslands machen sollte.

Kein Emporkömmling, wie Focko, war Sibet Papinga.
Er war ein Enkel Ebo Wimkens, des mächtigen Häuptlings
in den östlichen Landen, und diesem in der Herrschaft gefolgt[6].

---

[1] Emm. p. 237.
[2] K. H. R. V, 642.
[3] Emm. p. 265.
[4] Richthofen II, p. 17.
[5] So berichtet der Traktat. Richthofen II, p. 5.
[6] Ebo Wimken ist nicht, wie Emm. p. 252 erzählt und wie neuer-
dings noch Richthofen II. p. 20 annahm, 1410 gestorben. Der Receß zu
Lüneburg 1412 (K. H. R. VI, 68 § 30, B. § 37, 33) weiß ihn am
Leben, ebenso ein Bündniß mit dem Rath von Bremen vom 21. Oct. 1412

Als Erbtheil hatte er von seinem Großvater Feindschaft gegen
die Bremer[1]) und die Holländer mit übernommen. Namentlich
gegen die Letzteren kämpfte er in den ersten Jahren seiner
Herrschaft mit der beliebten Unterstützung durch die Seeräuber,
und vergebens suchten die Hansestädte in den Jahren 1417
und 1418 einen Frieden zwischen ihm und Herzog Wilhelm,
dann dessen Nachfolgerin Jakobäa zu vermitteln[2]): Sibet
blieb nach wie vor sehr gefährlich und war besonders für
Bremen ein höchst unbequemer Nachbar. Schien es doch bald,
als wolle dieser ehrgeizige Häuptling sich im Osten eine Macht=
herrschaft gründen, wie sie Keno im Westen erworben hatte!
Was aber konnte den Bremern, die ihrerseits die Herrschaft
über diese Gegenden anstrebten und zu diesem Zwecke bereits
1407 eine Burg, die Friedeburg, in Rustringen gebaut hatten,
unerwünschter sein, als ein solches Emporkommen der Häupt=
lingsgewalt?

In dem Verhältniß Ockos zu diesen beiden Männern,
dem übermächtigen Lehnsmann, der sich bald sogar Häuptling
zu Leer nannte[3]), und dem ehrgeizig emporstrebenden Häupt=
ling des Ostens, lag das wesentlichste Moment für die fernere
Entwicklung Ostfrieslands und insbesondere der von Keno
hinterlassenen Herrschaft. Freundschaft mit ihnen mußte die
Macht des jungen Häuptlings unbedingt stärken, ihre Feind=
schaft konnte ihn stürzen.

In den ersten Jahren der Regierung Ockos, welcher
übrigens bereits 1418 mündig wurde[4]), herrschte das beste
Einvernehmen. Es waren schwere Zeiten, in denen ein festes
Zusammenhalten der Häuptlinge für jeden unter ihnen durch=

(Ehmck, Die Friedeburg. Bremer Jahrbuch III, p. 95, Anm. 2). Eine
genauere Bestimmung wird vermuthlich der nächste Band des Bremer
Urkundenbuchs ermöglichen.

[1]) Vgl. darüber Ehmck, Die Friedeburg. .

[2]) Vgl. darüber Beilage I.

[3]) 1418 läßt sich der Titel zuerst urkundlich nachweisen. Friedl. II. 1760.

[4]) Seine Vormünder erscheinen 1418 nicht mehr in den von ihm
ausgestellten Urkunden.

aus geboten war. Die kaiserlichen Gesandten, die sich mehrere
Jahre in Friesland aufhielten und denen sich viele der schiringischen Partei verbunden hatten, waren 1418 mit einer Achts-
erklärung gegen viele der widerstrebenden vetkoperschen Häuptlinge, unter ihnen auch Ocko, Sibet und Focko, hervorgetreten[1]).
Die Betroffenen kümmerten sich wenig um die Reichsacht, und
ein Kampf, verwickelter und heftiger als je, wüthete in der
Folgezeit zwischen Vetkopern und Schiringern, welchletztere
ihren Stützpunkt nach wie vor in Westfriesland hatten[2]).
Vergebens suchten die Gesandten Frieden zwischen den Partheien
zu stiften, vergebens wandte sich Sigismund selbst um Hülfe
gegen die ostfriesischen Häuptlinge an die Hansestädte[3]), die
gerade damals wieder einige Friedeschiffe an der friesischen
Küste liegen hatten[4]): Streit und Kampf tobten unaufhaltsam
weiter, und verzweifelnd verließen die kaiserlichen Räthe endlich
m Jahre 1420 das Land.

In demselben Jahre kam zwar ein Friedensvertrag
zwischen Ocko, Groningen und dem Ostergo und Westergo zu
Stande, bei dem Focko als Bevollmächtigter Ockos handelte[5]),
aber der Kampf brach sofort wieder aus, da die schiringische
Parthei die zugesagten Geiseln nicht stellte[6]). Zu Gunsten der
Schiringer trat jetzt der Graf von Holland, Herzog Johann
von Baiern, der seine Nichte Jakobäa von der Herrschaft ver-
drängt hatte[7]), gegen die Vetkoper ins Feld. Er sandte nach
Westfriesland Truppen, die dem bis dahin siegreichen Focko
eine große Niederlage beibrachten. Als sie aber im Herbst
nach Holland zurückgekehrt waren, gewannen die Vetkoper
wieder durchaus die Oberhand, und eine große Zahl von

---

[1]) Friedl. II. 1760.
[2]) Ueber die Einzelheiten dieser verwirrten Kämpfe. Vgl. Wiarda I,
p. 390 ff.
[3]) K. H. R. VI. 571
[4]) Das. 592.
[5]) Friedl. I. 279.
[6]) Emm. p. 282.
[7]) Vgl. darüber Wenzelburger I, p. 282 ff.

Schiringern sah sich genöthigt, zu fliehen. Sie begaben sich zu Johann, schlossen einen festen Vertrag mit ihm, und erkannten ihn als Herrn von Friesland an[1]). Wiederum überschwemmte der Herzog das Land mit Truppen und sandte zugleich zwei Generalkapitäne, die in ganz Friesland an seiner Stelle regieren sollten[2]).

Diese Maßregeln des Holländers begünstigten entschieden ein freundschaftliches Zusammenwirken Ockos und Sibets. Es hatte in den früheren Jahren nur ein sehr loceres Verhältniß zwischen den östlichen nnd den westlichen Theilen Ostfrieslands bestanden, man hatte sich wenig um einander gekümmert. Engere Beziehungen waren zunächst durch die Ehe Sibets mit einer Tochter Kenos, Tetta, angebahnt. Jetzt, im October 1420, schlossen die beiden Häuptlinge ein festes Bündniß mit einander, dessen Spitze sich gegen alle „deutsche Herrn und Städte", die in Friesland sich festzusetzen suchten, richtete[3]), in erster Linie gegen die Holländer, dann aber auch gegen Bremen. Denn Sibet war in seinen Kämpfen mit dieser Stadt in den letzten Jahren nicht glücklich gewesen[4]). Es war ihr gelungen, — und um so leichter, als viele der friesischen Gemeinden sich von der brückenden Herrschaft Sibets abgewandt hatten — einen großen Theil Rustringens zu unterwerfen, und in einem Vergleiche war das ganze zwischen Jade und Weser gelegene Land der Stadt zugesprochen worden[5]). Bremen hatte damit eine wichtige Stellung erreicht. Einerseits schien es leicht, nun den stolzen Sibet und seine kleineren Genossen im Zaum zu halten, andrerseits, welche Aussicht für die Unterdrückung des Seeräuberunwesens bot sich, wenn es gelang, diese Position in Friesland selbst zu behaupten und zu erweitern!

---

[1]) Schwartzenberg p. 419.
[2]) Das. p. 423.
[3]) Friedl. I., 280.
[4]) Vgl. darüber Ehmck, die Friedeburg p. 97 ff.
[5]) Friedl. I. 272, 275, 276.

So war das Bündniß zwischen Ocko und Sibet durch
die mächtigsten Interessen der beiden Häuptlinge bedingt, und
hatte nicht geringe Aufgaben zu lösen. Man wandte sich
zunächst gegen die bringende Gefahr, die von den Holländern
und den auf ihrer Seite stehenden Schiringern kam. Allein
die Häuptlinge scheinen nicht besonders glücklich gewesen zu
sein. Bei Sloeten, östlich von Stavern, erlitten die Truppen
Ockos von den Feinden eine Niederlage[1]), und ein verräthe-
rischer Anschlag, den die Verbündeten, wenn wir einem Brief
aus Westfriesland an Herzog Johann[2]) glauben dürfen, auf
das von holländischen Truppen besetzte[3]) Dockum machten,
wurde vorher entdeckt. Anstatt zu weiteren kriegerischen Aktionen
kam es jetzt zu Friedensverhandlungen. In Briel schlossen
am 1. September 1421 Ocko, Sibet und Groningen, zugleich
für mehrere andere Häuptlinge einen ewigen Frieden mit
Johann[4]). Zwei Bestimmungen desselben waren von größerer
Bedeutung: einmal erkannten die Häuptlinge den Herzog als
Herrn von Westfriesland an, und zweitens setzte Johann durch,
daß alle aus Groningen und Ostfriesland vertriebenen Schiringer mit einigen Beschränkungen restituirt würden, nur
Hisko — und dies war offenbar für Ocko die conditio sine
qua non — erhielt seine Stadt nicht zurück: Emden sollte
in Ockos Händen bleiben.

Mit dem Vertrage war nun allerdings keineswegs von
vorn herein auch ein Friede zwischen der schiringischen und
vetkoperschen Parthei hergestellt. Im Gegentheil, es erschien
doch sehr zweifelhaft, ob die Westfriesen, die ja die Schiringer
repräsentirten, sich bei dem Frieden, den Johann als ihr Herr
und Gebieter ohne ihr Zuthun abgeschlossen hatte, sich be-
ruhigen würden. In der That regte sich bei ihnen bald ein

---

[1]) Friedl. I. 290.
[2]) Daf. 295.
[3]) Emm. p. 284.
[4]) Friedl. I. 299.

Gegensatz zu den Holländern, dessen nächste Veranlassung war,
daß Johann, entgegen seinem Versprechen, noch immer Seeräuber im Lande hielt[1]), die bedeutenden Schaden anrichteten.
Aber eben das führte die Schiringer zu einer Annäherung
an die Vetkoper, und zum Zwecke des gemeinsamen Vorgehens kam nach langen Verhandlungen und vielen Schwierigkeiten am 1. Februar 1422 ein Friede zwischen beiden Partheien zu Stande[2]), der den wilden Kämpfen vorläufig ein
Ziel setzte. Abgeschlossen wurde er zunächst durch die westfriesischen Gemeinden, Groningen, Ocko und Sibet, ihnen folgte
dann eine große Zahl von Häuptlingen, an ihrer Spitze Focko.
Bis ins Einzelne hinein schlichtete der Vertrag die Streitigkeiten. Sein nächster Zweck aber sollte die Vertreibung jener
von Johann begünstigten Seeräuber sein, die sich vornehmlich
in Dockum und Esumersyl aufhielten. Es sollte ihnen freier
Abzug zugesichert werden; verließen sie aber die Festen nicht,
wollte man mit Gewalt einschreiten.

Eine gütliche Entfernung der Seeräuber gelang nicht;
man mußte zu den Waffen greifen. Ocko, der die Sache in
die Hand nahm, mochte erkennen, daß das Unternehmen bedeutender Kräfte bedürfe. Er sah sich nach Hülfe um, und
fand dieselbe, wie einst sein Vater, bei den Hansestädten, die
ein gleiches Interesse an der Vertreibung des Raubgesindels
hatten. Schwere Kämpfe mit Dänemark hatten die Städte
lange abgehalten, etwas Ernstliches gegen die Seeräuber zu
unternehmen; in diesem Jahre aber entschlossen sie sich dazu,
zunächst auf einem Tage zu Wismar[3]). Am 3. April wollte
man in See stechen, allein widrige Umstände verhinderten die
Ausfahrt. Aufs Neue mahnte Ocko, und die Sache wurde
Ende April zu Lübeck noch einmal besprochen. Wenige Tage
darauf konnte der Rath von Hamburg an Ocko schreiben, die

---

[1]) Emm. p. 284.
[2]) Friedl. I. 301, 302.
[3]) Vgl. zu dem Folgenden Beilage II.

Hamburger und Lübecker wären bereit und würden so rasch als möglich kommen; zugleich schrieb er an Elburg in Geldern, und suchte auch von dort Hülfe zu erlangen.

Das Unternehmen glückte. Die Hansen und die mit ihnen verbündeten Truppen Ockos, Sibets, Groningens und einiger westfriesischen Gemeinden nahmen im Mai erst das Blockhaus zu Esumersyl, dann die Stadt Dockum ein[1]). Viele Seeräuber wurden erschlagen, 44 gefangen und hingerichtet; reiche Beute belohnte die Sieger[2]).

Für den Herzog Johann war der Fall seiner friesischen Hauptfestung Dockum ein schwerer Schlag. Umsonst protestirte er in einem Schreiben an Ocko, umsonst forderte er ihn zur Verantwortung auf[3]): er sah sich genöthigt, seine Truppen aus Friesland zurückzuziehen[4]).

Damit war die eine Aufgabe des Bündnisses, das Ocko und Sibet geschlossen, erfolgreich gelöst: die Holländer waren vertrieben, der Kampf mit den Schiringern beigelegt. Jetzt hatte man die Hände frei, konnte sich nach Osten wenden, und daran denken, wie die Holländer, so nun die Bremer zu verjagen. Ganz unerwartet fielen Ocko, Sibet und Focko im Mai 1424 in das bremische Gebiet ein[5]), nahmen in wenigen Tagen die Hauptplätze, Golzwarden und die Friedeburg, und hatten damit, ehe noch Bremen Hülfe senden konnte, das ganze Land in ihrem Besitz. In der damals zu Lübeck tagenden Hanseversammlung verfolgte man diese Vorgänge mit ängstlicher Spannung, um so mehr, als man von der Fehde eine neue Stärkung des Seeräuberunwesens befürchtete[6]). Als

---

[1]) Korner, p. 1250. Auf ihn gehen die übrigen Chroniken in letzter Instanz fast sämmtlich zurück.

[2]) Nach K. K. R. II. erhielt Hamburg aus der Beute 1098 ℔ 6 β, während es für das Unternehmen 2758 ℔ 6 β 11 ₰ ausgegeben hatte.

[3]) Friedl. I. 312.

[4]) Emm. p. 291.

[5]) Vgl. darüber Ehmck, Die Friedeburg, p. 104 ff.

[6]) Berichte des Sendeboten Tidele Voß aus Dorpat an Riga. Hildebrand (Bunge), Liv=Est= und Kurländisches Urkundenbuch VII. 137, 141, 169.

die Nachricht von den Erfolgen der Häuptlinge kam, wurden
daher Lübecker und Hamburger Abgesandte geschickt, um zu
vermitteln. Durch sie und durch den Erzbischof von Bremen
kam am 29. Juli ein Friede zu Stande[1]). Die Bedingungen
waren für Bremen hart: es mußte seinen ganzen Anspruch
auf das friesische Land aufgeben. Einen geringen Ersatz bot
dafür, daß die Häuptlinge sich verpflichteten, die eroberten
Burgen niederzureißen und keine andere zu errichten.

Das Bündniß der Häuptlinge hatte sich glänzend be=
währt: die Fremden waren nicht mehr im Lande, die Häupt=
lingsgewalt triumphirte. Die Hauptarbeit bei der Lösung
dieser Aufgaben hatte ohne Zweifel Focko Ukena gethan. Er
hatte gleich im Anfange den Krieg gegen die Holländer ge=
führt, er hatte die friesischen Truppen vor Dockum befehligt
und dann als Ockos Bevollmächtigter gehandelt, er war endlich
bei dem Einfall in das bremische Gebiet der Haupthelp ge=
wesen. Es war doch höchst bedenklich, daß der Lehnsmann
so in den Vordergrund trat und seinen Herrn in den Schatten
stellte. Dazu kam, daß Focko auch sonst nicht säumte, nach
Verstärkung seiner Macht sich umzuschauen. Im Jahre 1421
vermählte er seinen Sohn Udo mit Hymba, einer Tochter der
Frau Sibba zu Norden[2]). Er erhielt dadurch den Anspruch
auf Sibbas reiche Besitzungen in Norden, und schloß zugleich
mit ihren Brüdern Haro von Larrelt[3]) und Imel von Grimer=
sum ein Schutz= und Trutzbündniß. Es war natürlich, daß
sich zwischen ihm und Ocko allmälig ein gespanntes Verhältniß
herausbildete.

Kaum waren die gemeinsamen Gefahren beseitigt, so
kam es zwischen beiden schon zu Streitigkeiten. Unbedeutend,
wie sie anfangs waren, wurden sie rasch beigelegt durch einen
Vertrag[4]), in dem man sich treue Freundschaft für ewige

[1]) Friedl. II. 1466.
[2]) Friedl. I. 291.
[3]) Larrelt war nach Vertreibung Ennos 1413 an Haro gekommen.
[4]) Friedl. I. 325, 326.

Zeiten versprach. Allein, dieser Vertrag zeigt uns doch, wie groß der Riß bereits war: nicht mehr als Lehnsmann, sondern als vollkommen gleichberechtigter, selbständiger Häuptling tritt Focko in ihm auf.

Mit Erfolg schritt er in den nächsten Jahren auf dem eingeschlagenen Weg des Abfalls von Ocko weiter. Es kam ihm dabei zu Gute, daß die Macht des Brokischen Hauses zahlreiche Gegner hatte. Von größter Bedeutung war, daß es ihm auch gelang, Sibet, den er in zweiter Ehe mit seiner Tochter vermählte[1]), auf seine Seite zu ziehen. Mit ihm begab er sich im Februar 1425 in den Schutz des Bischofs Heinrich von Münster, der den Broks wegen der Vertreibung seines Propstes Hisko aus Emden feind war. Auf Hisko selbst, dessen Sohn Imel, Enno Edzardisna und ihren Anhang konnte er sicher zählen. Ein Bündniß endlich mit Haro und Imel, den Brüdern Sibbas, wurde bereits erwähnt.

Es blieb Ocko von vorn herein nicht verborgen, daß seine Stellung gefährdet sei. Er sah, daß die Zahl seiner Anhänger mehr und mehr zusammenschrumpfte, daß besonders Hisko und seine Parthei eifrig wühlten, seine Macht zu untergraben und ihre Stellung in Ostfriesland zurückzugewinnen[2]). Er säumte daher nicht, sich nach Bundesgenossen umzusehen; im März 1425 schloß er einen Vertrag mit Groningen[3]), im April mit den Häuptlingen zu Witmund[4]), aber was wollte das den zahlreichen Gegnern gegenüber bedeuten, zumal auf Groningen, das stets auf neue Partheikämpfe in seinem Innern gefaßt sein mußte, wenig Verlaß war? Noch einmal zwar — es war im Frühjahr 1426 — vermittelte der Rath dieser Stadt, als Streitigkeiten zwischen Ocko und Focko einen sehr bedrohlichen Charakter angenommen hatten[5]), allein Focko

---

1) Ben. p. 280.
2) Emm. p. 294.
3) Ben. p. 230, Emm. p. 294.
4) Friedl. I. 331.
5) Betreffs derselben verweise ich auf Wiarda I., p. 424 ff.

war durch den abgegebenen Schiedsspruch[1]) keineswegs be=
friebigt und sann auf neue Kämpfe, während sein Anhang sich
stetig vermehrte[2]). Da griff Ocko, der sich der Lage nicht
mehr gewachsen fühlte, zu einem verzweifelten Mittel. Ehemals
hatte er seine ganze Macht aufgeboten, alle Fremden aus
Friesland zu verjagen, jetzt zwang die Noth ihn, das Gegen=
theil zu thun: er sandte an den Erzbischof Nicolaus von
Bremen, machte ihm reiche Versprechungen und bat um seine
Hülfe. Nicolaus, verwandt mit Ockos Gemahlin, der olben=
burgischen Prinzessin Ingeborg, zugleich eine Gelegenheit, alte
Rechte der bremischen Kirche herzustellen, gern benutzend, brach
Ende September mit Dietrich von Olbenburg und den Grafen
von Hoya, Tecklenburg, Diepholz und Rietberg auf; sie führten
600 Ritter und Knechte mit sich[3]). Focko, durch die Kunde
von dem Herannahen dieses Feindes überrascht, sammelte, so
schnell er konnte, aus seinen Gebieten ein kleines Heer; Hülfs=
truppen aus ferneren Gegenden verlegte Ocko den Weg. Bei
Detern stellte Focko sich auf und erwartete den Feind. Hier
fand die Schlacht statt. Die Natur des Landes, die morastige
Gegend, in der die Ritter sich schwer bewegen konnten, kam
den Friesen zur Hülfe: sie erfochten trotz ihrer Minderzahl
einen glänzenden Sieg. Die Grafen von Rietberg und Diep=
holz fielen, Johann von Hoya und Nicolaus von Bremen selbst
wurden gefangen genommen[4]).

---

[1]) Friedl. I. 335, 336.
[2]) Emm. p. 296.
[3]) Friesischer Nationalstolz hat dieses ganze, in seinem Ausgange
für die Friesen ehrenvolle Unternehmen phantasievoll ausgeschmückt, und
auch die Zahl der Truppen gewaltig erhöht. Die friesischen Chroniken
fabeln von 11000 Mann auf Nicolaus', von 3000 auf friesischer Seite;
Wiarda und noch Kopp übernehmen diese Angaben. Dem gegenüber ist
es angebracht, auf die zweifellos richtigere Notiz der gleichzeitigen bremischen
Chronik des Rynesberg und Schene hinzuweisen (p. 152) . . . Nycolaus
mit vpff landesheren und wol mit 600 ritteren unde knechten, ane scutten
unde votlube. . . . . . Der Vresen en was vor dat erste nicht vefftich ꝛc.
[4]) Vgl. die begeisterte, episch angehauchte Schilderung der Schlacht
bei Emm. p. 298 ff.

Ein bedeutsames Ereigniß, dessen gewaltiger Eindruck uns aus allen gleichzeitigen und späteren Chroniken, diesseits und jenseits der Weser, entgegenklingt! Sechs Fürsten und ein Ritterheer waren von einer Schaar friesischer Bauern gänzlich besiegt, fast vernichtet, der Erzbischof von Bremen gefangen: wie mußte dieser Erfolg das Ansehen Fockos in ganz Friesland erhöhen! Aus Groningen vertriebene Schiringer sandten sofort zu ihm und erwarteten von ihm ihr Heil. Er schickte einige Truppen, mit deren Beistand die Stadt rasch genommen wurde; allein ebenso rasch schaarten sich die Groninger Bürger um ihren Bürgermeister, und brachten die Stadt wieder in ihren Besitz, so daß hier der Erfolg ausblieb[1]). In Ostfriesland dagegen erwarb sich Focko selbst neue Lorbeeren: Brok und andere Festungen des Gegners fielen in seine Hände.

Der unglückliche Ocko, der sich mehr und mehr verlassen sah, suchte neue Hülfe. Er wandte sich an die Hansestädte, an Lübeck und Hamburg, die so oft seinem Hause helfend beigesprungen waren. Es war sein Verhängniß, daß dieselben, in den Krieg mit Dänemark verwickelt, in diesem Augenblick nicht wirksam für ihn eingreifen konnten. Sie mußten sich begnügen, an Focko einen warnenden Brief gelangen zu lassen, und ihr Schiedsgericht anzubieten[2]). Auch schrieben die im Anfange des Jahres 1427 zu Rostock versammelten Städte an Fockos Schutzherrn, den Bischof von Münster, und forderten ihn auf, Focko nicht gegen Ocko beizustehen, Letzterem vielmehr zu seinem Rechte zu verhelfen[3]).

Allein diese Warnungen wollten wenig bedeuten und führten zu nichts. Wol aber leuchtete noch einmal von einer anderen Seite her ein Rettungsstrahl für Ocko: von Bremen, dem Alles daran liegen mußte, seinen Erzbischof aus der

---

1) Rufus p. 547.
2) Emm. p. 801.
3) Friedl. I. 344.

Gefangenschaft zu befreien. Im April schloß Ocko einen Vertrag mit Bremen und Dietrich von Oldenburg, den auch Groningen und seine Umlande anerkannten; sein Zweck sollte sein, die Fehde mit Focko und Sibet beizulegen[1]). Einen Monat später gelang es wirklich, beide Partheien zur Anerkennung eines Schiedsgerichts, bestehend aus dem Rathe von Bremen und den Richtern und Eingesessenen von Butjadingen und Wursten, zu bringen[2]). Schwerlich hat Focko daran gedacht, den Schiedsspruch, wie er auch ausfalle, anzuerkennen; die Häuptlinge seiner Parthei aber knüpften doch große Hoffnungen an ihn; namentlich glaubte Hiskos Sohn Imel Emden durch ihn wiederbekommen zu können[3]). Darin aber täuschte er sich. Der Schiedsspruch, der am 9. Juni fiel und die Gefangenen aus ihrer Haft befreite, sprach Ocko nur das ab, was er in der letzten Fehde verloren hatte; da die Verluste im Brokmerland ausdrücklich ausgenommen waren, bedeutete dies nur die Abtretung Mormerlands, Lengenerlands und Overlebingerlands an Focko[4]), der diese Länder faktisch längst in seiner Hand hatte.

Es leuchtet ein, daß durch diesen Schiedsspruch weder Focko noch seine Verbündeten befriedigt sein würden. Aber auch auf der anderen Seite gab es Unzufriedene: war doch den Groningern in dem Spruche jegliches Herrschaftsrecht auf die Umlande bestritten worden! Zwischen ihnen und Focko brach der Kampf zuerst wieder aus, bereits wenige Tage, nachdem der Schiedsspruch abgegeben war. Focko eilte über die Ems und besiegte die Groninger in einer Schlacht bei Otterdum. Nachdem er dann auch in Westfriesland, wo man für Ocko rüstete, seine Feinde gezüchtigt hatte[5]), schloß

---

[1]) Friedl. I. 346. — Friedländers Regest „Friedensvertrag zwischen Dietrich ꝛc. einerseits, Focko ꝛc. andrerseits", ist nicht richtig.
[2]) Daf. 848, 349.
[3]) Daf. 350.
[4]) Daf. 851. Emm. p. 303.
[5]) Emm. p. 303 ff.

er im September mit Groningen einen Frieden, der Ocko nun auch seines letzten Bundesgenossens beraubte[1]).

Focko hielt jetzt die Zeit für gekommen, den letzten, entscheidenden Streich gegen seinen Gegner zu führen. Um ganz sicher zu gehen, schlossen er und seine Anhänger noch einmal ein Bündniß mit dem Bischof Heinrich von Münster ab, der ihnen Hülfe zusagte[2]). Das stolze Gefühl des sicheren Sieges beseelte die Parthei: schon traf man in dem Bundesvertrag Bestimmungen über die Vertheilung der Beute und der Gefangenen, schon nannte sich im Vorgefühl des Triumphes Hisko wieder Propst, sein Sohn Imel Häuptling zu Emden[3]).

Gleich nach dem Abschlusse des Bündnisses fielen Focko und Sibet mit ihrem Anhang, von münsterschen Truppen unterstützt, ins Brokmerland ein. Auf den sogenannten wilden Aeckern kam es am 28. October zwischen ihnen und Ocko zur Schlacht. Das Kriegsglück war nicht bei dem Letzteren: er wurde geschlagen und gefangen genommen[4]). Focko war Herr in Ostfriesland.

---

[1]) Friedl. I. 362.

[2]) Das. 362.

[3]) Das. 361, 362. Hisko nennt sich von jetzt an bis zu seinem Tode nur noch Propst zu Emden, der Häuptlingstitel ist auf seinen Sohn übergegangen. Am deutlichsten wird dieses in einer Urkunde vom 16. April 1428 (Friedl. I. 368), in der es heißt: Hissele proefst ende Imelen sin soen hoeftling to Emeden. „Hisselo praepositus et capitalis tho Emeden" bei Friedl. I. 369 kann nichts dagegen beweisen, da es eine spätere Aufzeichnung ist, und das et capitalis ein Zusatz des Schreibers (Emmius) sein kann. — Friedländer irrt, wenn er 362, Anm. 2, geneigt ist, in Imelen Hisselens proefst to Emeden das Wort proefst auf Imel zu beziehen, weil die Nominativform nicht zu dem Genitiv Hisselens passe. In einer Urkunde vom 9. April 1428 (Friedl. I. 367 d) steht ebenfalls die Apposition zum Genitiv im Nominativ; es heißt dort: by raet der erbaren hoeftlingen, alse Focko Ukens, Hysselens proefst to Emeden rc.

[4]) Ben. p. 252. Emm. p. 306.

II. Abschnitt.

Die Vorherrschaft Hamburgs und des Hauses Cirksena in Ostfriesland.

I. Kapitel.

Aufkommen des Hauses Cirksena.

Es giebt unter den Usurpatoren Charaktere, die, nur von dem einen Trieb nach Gewalt beseelt, unaufhaltsam ihrem Ziele zueilen, ohne Rücksicht auf alle widerstrebenden Interessen und ohne Achtung für das Bestehende. Ihr Gegenbild sind die Naturen, die zwar auch ihr Ziel nie aus dem Auge verlieren, aber, um zu demselben zu gelangen, einen größeren Umweg nicht scheuen, dabei rücksichtsvoll und in möglichst engem Anschluß an die geschichtlichen Traditionen vorwärts streben. Die Ersteren werden ihre Zwecke rascher erreichen, aber in der Regel das Gewonnene ebenso rasch verlieren; die Letzteren werden allerdings langsamer weiterkommen, aber viel mehr Aussicht haben, das einmal Erreichte auch zu behaupten. Zu den Ersteren gehört Focko, als Männer der letzteren Art werden wir Enno Edzardisna und seine Söhne kennen lernen.

Focko war in unglaublich kurzer Zeit zu dem Ziel seiner Wünsche gelangt: die Schlacht auf den wilden Äckern gab ihm die höchste Machtstellung in Ostfriesland. Mit der ganzen Brutalität, die seinem Wesen eigen war, nutzte er seinen glänzenden Sieg. Den unglücklichen Gegner führte er nach Leer und ließ ihn hier in der Gefangenschaft schmachten; die

Besitzungen desselben riß er zum größten Theil an sich, so das ganze Auricher= und Brokmerland. Von seinen Bundesgenossen erhielten Hisko und Imel Emden zurück, Imel von Osterhusen und Friedrich von Larrelt empfingen die Besitzungen Ockos im Emsigerland[1]). Die Übrigen aber, soweit sie nicht zur Familie Fockos gehörten, wurden schlecht bedacht und waren recht unzufrieden. Sie hatten wol die Macht Ockos beschränken, keineswegs aber einen neuen Allgewaltigen an seiner Stelle sehen wollen; sie waren empört, daß Focko seinen Gegner eingekerkert hielt, aufgebracht, daß er dessen Länder einfach sich zugeeignet hatte. Enno von Greetsyl und Wiard von Uphusen vor Allen glaubten als Verwandte des Brokischen Hauses[2]) eher Anspruch auf Ockos Besitzungen zu haben als Focko; ihnen gesellte sich eine große Reihe anderer Unzufriedener zu[3]).

So entstanden rasch unter den Häuptlingen zwei Partheien. Die namhaftesten Männer der einen waren Focko, seine Söhne Uko und Udo, Sibet von Rustringen, Imel von Emden[4]), Imel von Osterhusen und Friedrich von Larrelt; auf der entgegengesetzten Seite stand die große Zahl der Mißvergnügten, an ihrer Spitze Enno Edzardisna von Greetsyl, aus dem Geschlechte Cirksena[5]), ein Mann, reich an Erfahrung, der ein schicksalvolles Leben hinter sich hatte. Das Streben dieser letzteren Parthei ging von vorn herein dahin, Fockos Macht zu vernichten. Rasches Handeln war zu diesem Zweck nöthig, denn leicht konnte es zu spät sein; sah man doch, wie der Gewaltige täglich herrischer auftrat und sich besonders durch Anlegung von Burgen zu stärken suchte, was unter dem Volke viel böses Blut machte[6])!

---

[1]) Emm. p. 306.
[2]) Vgl. Wiarda I, Stammtafel II.
[3]) Emm. p. 317.
[4]) Hisko starb 1429.
[5]) Vgl. Wiarda I, Stammtafel II.
[6]) Emm. p. 318.

Enno und seine Genossen gingen schnell, aber vorsichtig zu Werke. Sie unternahmen zunächst nichts gegen Focko selbst, faßten vielmehr den Plan, seine Bundesgenossen einzeln von ihm abspenstig zu machen. Zu diesem Zwecke forderten sie die beiden Imel auf, Fockos Sache zu verlassen. Auf deren Weigerung zogen sie unverzüglich unter Ennos Führung vor Osterhusen. Trotzdem ihm Focko Hülfstruppen sandte, hielt es Imel doch nach längerem Widerstande für gerathen, sich gegen annehmbare Bedingungen zu ergeben. Er mußte eine Besatzung der verbündeten Häuptlinge in seine Burg aufnehmen, solange die Fehde mit Focko dauern würde, mußte ein Bollwerk an seiner Burg schleifen und die fremden Kriegsgesellen entlassen. Mit ihm zugleich schloß sein Neffe Friedrich einen Vergleich, in dem ihm der Besitz seiner Burg Larrelt ausdrücklich zugesichert wurde[1]).

Nach diesem ersten Erfolge gelang es, noch viele andere Vornehme des Emsigerlandes zum Abfall von Focko zu zwingen, nur von einer Unternehmung gegen Emden mußte man zur Zeit absehen, da eine Flotte, die hierzu bringend nöthig war, den Verbündeten nicht zu Gebote stand. Sie wandten sich daher jetzt gegen die Söhne Fockos. Von diesen hatte der ältere, Uko, Olbersum an der Ems erhalten, Ubo, der jüngere, Aurich. Beide Burgen wurden zu gleicher Zeit belagert. Olbersum ergab sich zuerst, und man gestand Uko sehr günstige Bedingungen zu: er behielt seine Besitzungen, nur wurde das Schicksal der Burg von dem Verlaufe des Krieges gegen Focko abhängig gemacht[2]). Bald darauf übergab Ubo Aurich; durch Vermittlung seiner Verwandten Imel und Friedrich schloß auch er einen günstigen Vergleich: er sollte das ganze Erbgut seiner Frau in Norden behalten und seine ganze bewegliche Habe von Aurich nach Norden bringen dürfen. Die Burg in Aurich aber wurde sofort geschleift[3]).

---

[1]) Das. p. 320. Friedl. I 385.
[2]) Friedl. I 389.
[3]) Das. 391. Emm. p. 322.

An demselben Tage, an dem der Vergleich mit Ubo geschlossen wurde, am 10. November 1430, geschah ein für Friesland sehr bedeutendes Ereigniß.

Wir haben schon früher bemerkt, wie sich in den Volks= gemeinden allmälig in erneuter Heftigkeit das Bewußtsein früherer Unabhängigkeit regte und sich Luft machte in einer steigenden Erbitterung gegen die Häuptlinge. Dieses Gefühl nach Freiheit war durch die Rücksichtslosigkeit und durch die drückende Herrschaft Fockos noch gesteigert. Von großer Bedeutung war es nun, daß Enno den friesischen Gemeinden in ihren Bestrebungen entgegenkam. Es muß dahingestellt bleiben, ob er schon jetzt die klare, zielbewußte Idee gefaßt hatte, seinem Hause die Herrschaft in Ostfriesland zu erwerben, oder ob er augenblicklich einzig und allein an das nähere Ziel, den Sturz Fockos, dachte: jedenfalls zeugt es von einer weisen Mäßigung und von einem klugen Verständniß für die friesischen Verhältnisse, daß er sich bei seinen Unternehmungen haupt= sächlich auf die friesischen Landesgemeinden stützte. Ja, dem Namen nach traten diese eine Zeit lang so sehr in den Vorder= grund, daß es oft schien, als seien allein sie die treibende Kraft in Friesland. Etwas ganz Unerhörtes war es zunächst, daß in dem Vertrage mit Imel von Osterhusen nicht allein die Häuptlinge, sondern gleichberechtigt neben ihnen verschiedene Gemeinden als vertragschließende Theile aufgeführt wurden, ein Vorgang, der sich am 10. November bei dem Vergleiche mit Ubo wiederholte. Als die Krönung ihrer Bestrebungen aber mußten die Gemeinden es ansehen, als nun an eben diesem 10. November Enno, Imel von Osterhusen und andere Häuptlinge nebst ihren Gemeinden im Emsigerland sich herbei= ließen, mit den Gemeinden des Overledinger=, Mormer=, Norder=, Auricher= und Brokmerlandes einen Bund zu schließen, dem auch noch andere Gemeinden beitraten. Der Bundesvertrag[1] dekretirte nichts Geringeres als vollständige Freiheit der

---

[1] Friedl. I 390.

Gemeinden. „Wir haben geschworen", heißt es, „daß wir
Gemeinden wollen mit Gottes Hülfe frei, friesisch und eine der
anderen hülfreich sein, und wollen beschirmen unserer Altväter,
von König Karl beschriebenes Recht, und wollen zu ewigen
Zeiten bleiben bei dem gemeinfriesischen Landrecht und den
gemeinfriesischen Freiheiten und sie gebrauchen und nicht länger
Sonderrecht dulden[1])."

Allein für den Augenblick lag die Bedeutung des Vertrages doch eigentlich nicht so sehr in der Freiheitserklärung
der Gemeinden, mit der es den Häuptlingen unmöglich ganz
ernst sein konnte; sie lag vielmehr darin, daß die abschließenden
Gemeinden, die sämmtlich zu den Unterthanen Foctos und der
Seinen gehörten, über die Köpfe ihrer Häuptlinge hinweg den
Bund machten. Dieser bedeutete somit den Abfall des größten
Theils Ostfrieslands von Focko und eine Verbindung mit
dessen Feinden.

Focko selbst hatte kurz vorher einen Schritt gethan, der
höchst befremdlich erscheint. Gerade damals, als die verbündeten Häuptlinge sich gegen seine Freunde gewandt, hatte
er sich in auswärtige Unternehmungen gestürzt, anstatt seine
ganzen Kräfte in Ostfriesland zusammenzunehmen. Bald nach
dem Siegeszuge der Verbündeten im Emsigerland und kurz
vor deren Angriff auf seine Söhne hatte er nämlich — es
war Anfang September 1430 — zusammen mit seinem
Schwiegersohne Sibet einen Zug gegen Bremen gemacht[2]).
War es sein unbezähmbarer Trieb nach Rache, sein unaus-
löschlicher Haß gegen die Stadt, der ihn zu diesem Zug bewog,
oder hoffte er vielleicht, sein wankendes Ansehen in Ostfriesland
durch glänzende Waffenthaten, die ihn einst so erhoben hatten,
herzustellen? Auf jeden Fall erwies sich dieses Unternehmen
als ein großer Fehler, denn es verlief für Focko unglücklich.

---

1) Vgl. daf. Anm. 2.
2) Rynesberch u. Schene, p. 157.

Die großen Verluste aber, die er erlitt, erregten unter den Friesen den höchsten Unwillen. Ohne Zweifel gab der Miß= erfolg mit Anlaß, vielleicht den letzten Anstoß zu jenem allge= meinen Abfall der Gemeinden. Wie eine Demonstration gegen Fockos unglücklichen Bremer Zug nimmt es sich aus, wenn in dem Bundesvertrag die Gemeinden erklären, daß sie durch be= siegelte Briefe in wahrem Bund mit der Stadt Bremen und anderen Städten seien.

Die verbündeten Gemeinden ließen es ihre erste Sorge sein, einen Mann an ihre Spitze zu stellen, der die einzelnen Bestimmungen des Vertrags aufrecht erhalten und besonders ihr Anführer im Kriege sein sollte. Die Wahl fiel, wie nach allem Vorausgegangenen selbstverständlich erscheint, auf Enno. Dieser aber, bereits ein Greis, lehnte ab, und nun vereinigten sich die Stimmen auf seinen ältesten Sohn Edzard, einen tüchtigen jungen Häuptling, der sich in den Kämpfen gegen die Söhne Fockos ausgezeichnet hatte[1]). Derselbe übernahm bald darauf auch die Leitung der Geschäfte im Brokmerland für den gefangenen Ocko und nahm den Titel eines „Vormunder im Brokmerland" an[2]).

Unsere Quellen lassen es leider nicht zu, von den folgen= den Ereignissen ein ganz klares Bild zu gewinnen[3]). Soviel scheint sicher zu sein, daß der Bund nun im Jahre 1431 sich direkt gegen Focko wandte, der sich nach dem Abfall der Gemeinden auf seine Burg zu Leer zurückgezogen hatte. Edzard

---

1) Ben. p. 270. Emm. p. 323.
2) Urkundlich zuerst 12. Januar 1431. Friedl. I 396.
3) Die friesischen Chroniken erzählen die Ereignisse der folgenden Jahre in heilloser Verwirrung, indem sie die 2 Jahre später geschehene hamburgische Unternehmung bereits ins Jahr 1431 setzen und nun Alles, was in Friesland geschehen ist, mit den Thaten der Hamburger verquicken. Einen gewissen Anhaltspunkt aber, um in die Sache Licht zu bringen, giebt uns die bei Friedl. I 406 gedruckte Urkunde, die einen Vertrag Sibets mit den friesischen Gemeinden enthält und die Vertreibung Fockos voraussetzt. Betrachtet man von dieser Basis aus die Berichte der friesischen Chroniken, so darf man hoffen, einen Kern herauszuschälen zu können, der den Zusammen= hang der Dinge, wenn auch nothdürftig, doch im Wesentlichen erkennen läßt.

belagerte biese. Vergebens suchte Focko sich zu behaupten, vergebens spähte er nach Hülfe von seinem Gönner zu Münster aus; er sah schließlich keinen anderen Ausweg, als sein Heil in der Flucht zu suchen. Heimlich entkam er ins münstersche Gebiet. Leer aber mußte sich ergeben und wurde zerstört[1]).

So war benn der Hauptgegner, war der stolze Focko gebehmüthigt und vertrieben. Nichtsbestoweniger burften Ebzard und der Bund ihre Aufgabe nicht als gelöst betrachten, solange noch die beiden mächtigen Freunde Fockos, Imel von Emden und Sibet, ungeschwächt im Lande waren. Gegen den Letzteren ging man zunächst vor, und zwar gebachte man ihn mit Hülfe seiner alten Feinde, der Stadt Bremen und des Grafen Dietrich von Oldenburg, zu bezwingen[2]). Im Mai 1432 schlossen die verbündeten Gemeinden — bie Häuptlinge traten jetzt nominell ganz zurück — mit Bremen und Dietrich einen Vertrag, der ben Kriegsplan gegen Sibet feststellte. Der Hauptangriff sollte sich gegen Sibets festes Schloß, bie sogenannte Sibetsburg oder Ebemburg an der Jabe richten. Man kam überein, baß bas Kontingent bes friesischen Bundes vereint mit den olbenburgi= schen Truppen zu Lanbe, die bremischen Söldner zu Wasser gegen bas Schloß vorrücken sollten. Man beabsichtigte ferner die Zerstörung bes eroberten Schlosses. Uns ist über die Art der Ausführung bieses Planes keine Nachricht erhalten, nur wissen wir, baß es zu einer Erstürmung der Sibetsburg nicht gekommen ist. Vielmehr wurde am 14. Juni ein Vergleich geschlossen, bessen für Sibet ungemein günstige Bebingungen zu verrathen scheinen, baß die Verbündeten nicht eben sehr glücklich gewesen sind. Sibet blieb im Besitze seiner sämmtlichen Schlösser, namentlich Jevers und der Friebeburg in Ostringen, sowie der Sibetsburg, ja, er setzte sogar burch, baß bie Ver=

---

[1]) Ben. p. 279. Emm. p. 327.

[2]) Von biesem Unternehmeu gegen Sibet wissen die Chroniken gar nichts; nur burch 2 Urkunden — Friebl. I 406, 407 — werden wir über basselbe berichtet.

bündeten in die Rückkehr seines Schwiegervaters Focko willigten;
dagegen schloß er nun mit seinen ehemaligen Feinden ein
Schutz- und Trutzbündniß.

Dieser Anschluß Sibets an den allgemeinen friesischen
Bund war ja allerdings ein gewisser Erfolg; er war aber doch
theuer genug erkauft durch jene Bestimmung über die Rückkehr
Fockos. Dieser erschien sofort und nahm seinen Aufenthalt in
der seinem Schwiegersohne gehörigen Friedeburg[1]).

Werfen wir an dieser Stelle einen kurzen Rückblick auf
die letzten zwei Jahre: wie hatte sich die Lage Ostfrieslands
in ihnen wieder verändert! Schneller als wol irgend jemand
geglaubt, war die Macht Fockos in den Staub gesunken.
Gerade die Volksgemeinden, die er zu unterdrücken gesucht
hatte, waren zu einer Stellung gelangt, die, wenn auch nicht
die einstige Selbständigkeit, so doch wenigstens einen Theil mit-
sammt dem Namen derselben umfaßte. An die Spitze der
Gemeinden aber war ein tüchtiges Häuptlingsgeschlecht getreten,
das einst das tiefste Elend gesehen hatte, es nun aber verstand,
sich durch kluges Entgegenkommen des Volkes Achtung und
Liebe zu erwerben. Ihm war es als Führer der Friesen
gelungen, Focko zu behmüthigen und seine Partheigenossen,
einen nach dem andern, zum Anschluß an den allgemeinen
Bund zu bringen. Nur einer war noch unangefochten: Propst
Imel in seiner festen Stadt Emden. Wollte der Bund seinen
Principien getreu bleiben, durfte er diesen mächtigen Gegner
nicht unbezwungen lassen. Allein mit Hülfe einer Flotte aber
schien es möglich, ihm und seiner Stadt beizukommen. Es
war ein glücklicher Zufall, daß eben damals sich für Edzard
die Gelegenheit bot, die Bundesgenossenschaft einer seefahrenden
Stadt, Hamburgs, zu gewinnen.

---

[1]) Ben. p. 282. Emm. p. 328.

II. Kapitel.

Hamburgs Siegeszug in Ostfriesland.

Ein Jahrzehnt war dahingegangen, seitdem die Hanse=
städte ihre letzte größere Expedition gegen Seeräuber in Fries=
land unternommen hatten. Andere Aufgaben hatten in der
Zwischenzeit ihre Kräfte in Anspruch genommen, vielleicht auch,
daß sich eine momentane Abnahme des Übels gezeigt hatte, daß
Ocko, nachdem er die Hansen vor Dockum unterstützt, dem Raub=
wesen auch ferner mit gutem Glück entgegengetreten war. Nach
seinem Sturze aber und nach der Erhebung Fockos wurden die
alten Klagen von Neuem laut. Die Seeräuber trieben ihr
Handwerk wieder wie in den ersten beiden Jahrzehnten des
Jahrhunderts; wieder fanden sie schützende Gönner in den
Häuptlingen des Landes. Focko ging mit seinem Beispiel
voran; die Hamburger bezeichneten ihn später einmal geradezu
als einen „Hauptmann aller Seeräuber[1]." Imel trat in die
Fußtapfen seines Vaters Hisko und machte Emden wieder
zum Tummelplatz der schlimmen Gesellen. Sibet aber hatte
es wol nie aufgegeben, sie in Schutz und Dienst zu nehmen;
seine Burg an der Jade war ein Hauptzufluchtsort für sie.

Wie früher, so war auch jetzt von vornherein die Stadt
Hamburg bereit, ihren Einfluß für die Beseitigung des Unheils
geltend zu machen. Durch briefliche und mündliche Verhand=
lungen suchte der Rath wiederholt auf die Häuptlinge einzu=
wirken: aber das war vergebens[2]. Wollte man etwas erreichen,
so mußte man zu ernsthafteren Mitteln greifen. Schon 1430
scheint von hamburgischer Seite ein kleiner kriegerischer Vorstoß

---

[1] R. H. R. I 277.
[2] Das.

gemacht zu sein[1]): mehr geschah zwei Jahre barauf. Damals wurden nicht nur zwei Rathsherren nach Emden gesanbt[2]), sondern im Verein mit Bremen auch die Seeräuber Sibets bekämpft. Eine große Anzahl berselben wurde niebergemacht, 48 aber gefangen nach Hamburg geführt; einigen gelang es, aus bem bortigen Gefängniß zu entfliehen, die übrigen wurden hingerichtet[3]).

Diese Unternehmung im Jahre 1432 steht zweifellos in irgenb einem Zusammenhang mit jenem vorher besprochenen Zuge, ben ber friesische Bunb in eben bemselben Jahre gegen bie Sibetsburg machte. Wenn wir an jenen Vertrag benken, ben bie friesischen Gemeinden mit ben Bremern zur gemein= schaftlichen Bekämpfung Sibets schlossen, so wirb jetzt die Ver= muthung unabweisbar, baß für bie Letzteren bas Treiben ber Seeräuber Sibets ber Grunb zu bem Bünbniß war, unb baß sie in bem bann folgenden Kampfe von ben Hamburgern unterstützt wurden. Verständlich wirb nun auch, baß in bem Vergleiche mit Sibet bie friesischen Gemeinden, an bie bremi= schen Interessen gebunden, von ihm bie Entfernung seiner Seeräuber forberten[4]). Sibet aber schob, wie in alten Zeiten, seine Feinbschaft mit ben Holländern vor, unb nur für ben Fall, baß bieser Zwist beigelegt sei, gab er seine Einwilligung. Dieses Verhalten erklärt wieberum, baß zwischen Sibet unb ben Bremern bamals kein Friede zu Stanbe kam; ber Versuch zu einem solchen wurbe erst viel später gemacht[5]), aber ohne merklichen Erfolg.

---

[1]) K. K. R. II 1430: Ad expeditionem versus Emeden 89 ℔ 12 β

[2]) Daf. 1432: 176 ℔ Symoni de Utrecht et Nicolao Meyere ad Emeden in Frisia.

[3]) Daf. 1432: 163 ℔ Utrecht et Nygebur in Frisiam. — 12 ℔ 12 β 8 ₰ pro expensis piratarum Sybethes, de quibus 34 erant deca= pitati et 14 qui de Winsertorn evaserunt. — Korner p. 1327. Detmar cont. p. 64. Tratziger p. 170. — Mit Kopp= mann, Mitth. b. V. für hamb. Gesch. VI p. 59 nehme ich an, baß bie von ben Chroniken zum Anfang bes Jahres 1433 erzählten Ereignisse hierher gehören.

[4]) Friebl. I 407.

[5]) Daf. 408.

Zieht man die Summe, so war doch im Jahre 1432
sehr wenig erreicht. Waren nicht, was vor Allem ins Gewicht
fiel, die beiden festen Plätze, die als Hauptsammelorte des
Raubgesindels galten, waren nicht Emden und die Sibetsburg
ganz unverletzt und drohten weitere Gefahr? Täglich mehrten
sich dort die wilden Schaaren, und ängstlich dachten schon im
Herbst 1432 die Hansischen daran, wie schlimm es im nächsten
Frühjahre auf dem Meere aussehen würde[1]). Ein Angriff —
das war klar — konnte nur wirksamen Erfolg haben, wenn
er sich direkt gegen jene beiden Schlupfwinkel richtete. Und
hier nun trafen die hansischen Interessen mit denen Edzards
wieder zusammen. Zwar mit Sibet hatte dieser an der Spitze
des friesischen Bundes ja einen Frieden geschlossen; trotzdem
war er schwerlich einer Unterdrückung des mächtigen Mannes,
den er nur mit einem großen Mißtrauen betrachten konnte,
abgeneigt. Vor Allem aber war ihm ja, wie wir sahen,
Imel und seine mit einer bloßen Landmacht kaum einnehmbare
Stadt Emden ein Dorn im Auge. Es läßt sich nicht mehr
verfolgen, in wie weit Edzard vielleicht auf die Entschlüsse der
Hansen, gegen Emden und die Sibetsburg vorzugehen, einge-
wirkt hat; daß man aber von vorn herein seiner Unterstützung
sicher war, ja, daß er bereitwillig seine und des Bundes Hülfe
angeboten hat, erscheint durch die gegebenen Verhältnisse als
selbstverständlich, auch wenn es nicht von den friesischen, wie
von den hansischen Chroniken gleicherweise betont würde[2]).

Schon im Herbst 1432 wurde auf hansischer Seite die
Frage einer gemeinsamen Expedition für das nächste Jahr in
Anregung gebracht[3]); wir hören aber nichts von diesbezüglichen
Abmachungen. Unvorbereitet sah man das nächste Frühjahr
herankommen, das nun wirklich, wie man geahnt, dem Kauf-

---

[1]) R. H. R. I 158.
[2]) Ben. p. 277. Emm. p. 325. Korner p. 1327. Detmar cont. p. 64.
[3]) R. H. R. I 158, 162.

mann viel Schaden brachte[1]). Da nahm denn die nächstbe=
theiligte Stadt, nahm Hamburg die Sache in die Hand. Aus
dem Jahre 1417 existirte ein hansisches Statut, das lautete:
„Der Stadt, vor deren Hafen Seeräuber bemerkt werden,
sollen die zunächst gelegenen Städte bei Zerstreuung derselben
helfen; man soll das vor die nächste Tagfahrt bringen, Kost
und Zehrung sollen die gemeinen Städte den betreffenden
wiedererstatten[2])“. Auf diese Abmachung sich berufend, forderte
Hamburg von den sächsischen Städten Hülfe. Aber es wurden
ihm nur ausweichende Entschuldigungen zur Antwort[3]), und,
wie einst im Jahre 1408, mußte es sich entschließen, auf eigene
Faust eine Expedition auszusenden; nur von Lübeck und Bremen
durfte man einige Unterstützung hoffen. Mit größter Energie
und unter Aufwendung sehr bedeutender Kosten machte sich
Hamburg ans Werk.

Die für dieses und die beiden folgenden Jahre erhal=
tenen detaillirten Kriegsrechnungen über die Unternehmungen
gegen Friesland[4]) gestatten uns, einen Blick in die Art der
hamburgischen Rüstungen zu thun.

Im Jahre 1433 sandte Hamburg im Ganzen 21 Schiffe
aus, darunter drei größere, zwei Koggen und eine Busse[5]). Die
Schiffsmannschaft bestand aus 143 Mann, durchschnittlich 20
bis 30 auf den größeren, 2 bis 5 auf den kleineren Fahrzeugen.
Die Letzteren, Barbesen und Boote, waren für den leichteren Dienst,
den Transport und die Vermittlung mit der Vaterstadt bestimmt,

---

[1]) R. H. R. I. 182.
[2]) Das.
[3]) Das. 182, 183, 184.
[4]) Die Rechnungen finden sich im hamburgischen Staatsarchiv unter
„Admiralitäts= und Convoyrechnungen Cl. VII., Lit. Cᵃ = № 1, vol. 1 a.“
Außer den 3 Rechnungsablagen fand sich noch eine kurze vierte, undatirt,
die sich bei genauerer Durchsicht und Vergleichung als ein Auszug aus der
Rechnung von 1433 ergab. Ich theile diesen Auszug in Beilage III mit.
[5]) Daß es Koggen waren, wird in der Rechnung nicht ausdrücklich
gesagt, ergiebt sich aber aus der Anzahl der auf ihnen befindlichen Schiffs=
mannschaft, die nur für diese Art von Schiffen paßt. Es befanden sich auf
ihnen je 28 Mann, auf der Busse 22. Ueber die Arten der Schiffe vergl.
Schäfer p. 302.

Erstere nahmen die eigentliche Kriegsmannschaft, die Belage-
rungswerkzeuge, den Troß auf[1]). Ueber die Anzahl der auf
den Schiffen befindlichen Kriegssöldner läßt uns die Rechnung
im Stich, denn nur vereinzelt sind Soldauszahlungen angeführt; die Meisten wurden vermuthlich aus der in Friesland
gemachten Beute gelohnt. Nimmt man an, daß jede der drei
großen Schiffe etwa 100 Schwerbewaffnete faßte[2]), so käme man
auf 300, ohne daß damit irgend eine Gewähr für diese Zahl
gegeben sein soll. Den Oberbefehl über die Schiffe und Truppen
übernahmen, wie es in jener Zeit noch üblich war, hamburgische Rathsherrn.

Um das Bild von den an der Expedition Betheiligten
zu vervollständigen, sei noch erwähnt, daß auch ein Arzt für
die Verwundeten unter ihnen nicht fehlte. Sorgfältig haben
die Kämmerer, Herr Bernd Gronewold und Herr Hinrik
Roting, die die Rechnung des Jahres 1433 führten, einen
jeden namentlich aufgeführt, den Meister Hinrik, der Stadt
Arzt, durch seine Kunst geheilt hat.

Was die Werkzeuge und Materialien betrifft, die man
auf dem Zuge mitnahm, so finden wir die mannigfaltigsten
in den Rechnungen angeführt, von der Kanone, dem sogenannten
„drivenden werk", bis zum Kompaß, vom Balken bis zum
Mauerstein. Leuchter, Nägel, Kessel, Schüsseln, Löffel und selbstverständlich Alles, was zur Kriegsführung gehört, wie Arm-
brüste, Pulver, Feuersteine wurden in großen Massen auf-
gekauft.

Große Sorgfalt verwendete man dann vor Allem auf die
Verpflegung, deren Beschaffung genau bis ins Einzelste aufgezeichnet ist. 44 Tonnen Butter, 1199 Stück Käse, 450
Speckseiten, große Quantitäten von Rindfleisch, Fischen
und Bohnen wurden angeschafft. Die größte Summe aber

---

[1]) Schäfer, p. 302 ff. — Die Schilderung bei Schäfer X, 2, gilt
im Wesentlichen auch für die hier behandelte Zeit.
[2]) Das.

verschlang das Bier, das dazumal eine noch bedeutendere Rolle als heute spielte[1]): etwa 2—3000 Tonnen zum Preise von 2570 ₰ 13 β (ca. 11180 ℳ.) verzeichnen die Rechnungen; das heißt, etwa die Hälfte der ganzen Verpflegungskosten kam auf das Bier.

Unter dem Befehle der vier Rathsherrn Simon von Utrecht, Ludolf Meltsing, Nicolaus Langhen und Dietrich Luneborg segelten die Schiffe um die Mitte des Monat Juni von Hamburg ab[2]). In Friesland vereinigte man sich mit den Truppen des friesischen Bundes[3]). Der Angriff richtete sich direkt gegen Emden und die Sibetsburg an der Jade; beide Plätze wurden belagert, von den Hamburgern zu Wasser, von den Friesen zu Lande. Emden fiel zuerst[4]): am 20. Juli sah Imel sich genöthigt, Stadt und Schloß den Hamburgern zu übergeben[5]); er selbst ward gefangen nach Hamburg ge= führt[6]), Emden erhielt eine Besatzung.

---

[1]) Schäfer, p. 305.

[2]) In den K. R. stehen unter den chronologischen Eintragungen der Rubrik „Exposita in promptis denariis ad reysas dominorum“ diese 4 Rathsherrn oben an. Da nun nach einer Notiz der an 3. Stelle genannte Langhen sicher vor dem 23. Juni in Friesland war (Item Clawes Pile 8 β vor en lam, dat ward her Langhen in sunte Johannis avende) und die ganze Expedition erst nach dem 6. Juni unternommen ist (R. H. R. I, 182), so muß man schließen, daß um die Mitte Juni die Expedition unter Führung der 4 Herrn ausging.

Ueber die Expedition handelt Koppmann, Die Einnahme Embens 1433. Mitth. d. V. f. hamb. Gesch. VI. p. 59.

[3]) Die chronikalischen Quellen sind Korner, p. 1327, Tratziger, p. 171, Ben. p. 277 und 284, Emm. p. 325, 329. Die beiden Letzteren erzählen zwar die Einnahme Embens fälschlich zum Jahre 1431, die der Sibetsburg und die Schlacht in Norden aber richtig 1433.

[4]) R. H. R. I. 185.

[5]) Daß Emden vor der Sibetsburg fiel, macht der Brief Lübecks an die preußischen Städte — R. H. R. I. 185 — gewiß. Die einzige Nachricht von friesischer Seite, die das Ereigniß richtig ins Jahr 1433 setzt, findet sich in einer bisher nicht beachteten Notiz einer bei Ehrentraut, friesisches Archiv I, gedruckten Chronik. Diese Notiz giebt uns auch das Datum: item 1433 gaff Imele prawest over Emeden den hamborgern des anderen dages vor Marie Magdalene (p. 336). Da die Chronik, wo wir nachkommen können, in den übrigen entsprechenden Notizen im Allgemeinen gute Nachrichten enthält, ist an diesem Datum nicht zu zweifeln, zumal es zu der ganzen Sachlage durchaus paßt.

[6]) Die abgeschmackte Erzählung der friesischen Chroniken, die Hambur= ger seien uuter dem Vorwande des Handels nach Emden gekommen, hätten

Weit mehr Mühe machte die Eroberung der Sibetsburg.

Es wurde Sibet, der nicht auf der Burg war, bald klar, daß sich diese ohne Hülfe auf die Dauer doch nicht würde halten können. Er dachte daher auf einen Entsatz derselben und ging, um Hülfe zu bekommen, zu seinem Schwager Ubo Focken in Norden. Mit dessen Unterstützung brachte er ein Heer zusammen. Allein die verbündeten Gegner hatten von dem Vorhaben Sibets Kenntniß bekommen. Rasch entschlossen rückten Edzard und sein Bruder Ulrich mit den Ihren, von den Hamburgern durch 300 Schützen verstärkt, den Truppen Sibets und Ubos entgegen. Noch im Norderland kam es in den letzten Tagen des Juli[1]) zu einer hitzigen Schlacht bei Lutetsburg; sie entschied gegen die verbündeten Häuptlinge. Ubo fiel; Sibet, schwer verwundet, wurde gefangen und erlag seinen Wunden wenige Tage darauf.

Auf die Belagerung der Sibetsburg hatte diese Schlacht zunächst keinen Einfluß. Anderthalb Monate vergingen noch, ehe sich ihr Schicksal entschied. Simon von Utrecht und Lubeke Meltsing fiel die Aufgabe zu, die Belagerung der Burg zu leiten[2]). Die beiden anderen Rathsherrn hatten Friesland wieder verlassen[3]), dagegen traf im August ein neuer, Herr Johann Nygebur, ein[4]), vermuthlich um die Angelegenheiten Embens zu verwalten, solange seine beiden Amtskollegen vor

---

Imel zum Frühstück auf ein Schiff eingeladen und ihn dann, als er der Einladung Folge leistete, gefesselt fortgeführt, bedarf wol keiner ausführlichen Widerlegung. Imel müßte ein großer Thor gewesen sein, wenn er nicht ganz genau wußte, weshalb die Hamburger mit ihren Kriegsschiffen kamen.

[1]) Ben. p. 284 giebt den 31., Emm. p. 329 den 25., die Chronik bei Ehrentraut den 28. Juli an.

[2]) K. R. Item her Diderike Schorhare 80 ₰ by Diderik Hilwerdes sinem Knechte vor en backen brod, dat he her Symon unde her Lubeken Meltsinghe sande vor Sybetsborg.

[3]) Sie werden in den K. R. nur jenes eine Mal am Anfang erwähnt.

[4]) K. R. Item sanden wy unssen herren in Bresch by her Johanne Nygebure 100 ₰ des dinghesdages na Bartholomei (25. Aug.). Aus den weiteren Notizen geht hervor, daß er in Friesland bleibt.

der Burg lagen. Ein reger Verkehr entwickelte sich während
der Zeit der Belagerung durch Boten und Schiffe mit der
Vaterstadt, die es an Zusendung von Nahrung nicht fehlen
ließ. Auch durch Truppen wurden die Belagerer verstärkt,
denn Hamburg erlangte vom Herzog Adolf von Schleswig
300 holsteinische Schützen, die in das Lager vor der Sibets=
burg geschickt wurden[1]). Zugleich wurden mit den westfälischen
Städten, sowie mit Lübeck und Bremen Verhandlungen ange=
knüpft, um Hülfe zu bekommen[2]), und die letzteren beiden Städte
wenigstens scheinen Hamburg nicht ganz ohne Unterstützung ge=
lassen zu haben.

Endlich, gegen Mitte September, geschah das sehnsüchtig
Erwartete: die Burg mußte sich ergeben. Sie blieb vorläufig
unzerstört; die gefangenen Seeräuber aber wurden förmlich
angeklagt, zum Tode verurtheilt und hingerichtet[3]). Erleichtert
athmete man in den Hansestädten auf. „Item, leven vrunde,
screven uns unse vrunde van Hamborgh, dat se mit der hulpe
Godes Sybetesborch gewonnen habben, des God geloved sie!"
schrieb am 14. September der Rath von Lübeck in der Freude
seines Herzens an die preußischen Städte[4]).

Nach der Einnahme der Sibetsburg wurden auch die
anderen Festen des ehemaligen Häuptlings erobert[5]). Dann

---

[1]) K. R. Item Clawese van dem Diede (?) 13 β 8 ₰ do he reden
was to unssen heren umme de 300 schutten. — Item 9 β 4 ₰ Clawese
Schutten uppe de Stor to den schutten unde vort to unssen heren. —
Hermen Slikere 4 β tho Ißzeho van den sulven schutten wegen. — item
her Detleve Bremere 8 ₰ 12 β to twen reysen, de Holsten to schepe
to bringhende uppe de Stor. — Dazu K. R. 1434: 15 ₰ 4 β pro ½
panno Leydensi propinato Henrico van der Wisch, Ottoni Moden,
qui erant capitanei sagittariorum, quos dominus Adolfus dux Sleswi-
censium nobis concessit ante Sibetsborg.

[2]) R. H. R. I. 189, 4—6.

[3]) K. R. Item Hussen 26 β vor de vitalien de he anklagede van
des rechtes wegen. — item dem lakere 3 ₰ vor de vitalien to gra-
vende. — item Hinrike Cowenberge 16 ₰ de vitalien to richtende.

[4]) R. H. R. I. 185.

[5]) Emm. p. 831. — R. H. R. I. 242. — Rippen p. 57 nimmt
an, auch Focos Burg Leer sei damals zerstört. Ich setze, durch die frie-

aber wandte man sich der Regelung der neugeschaffenen Ver=
hältnisse zu.

Was sollte mit den eroberten Plätzen, mit Emden, der
Sibetsburg und den übrigen Schlössern geschehen? Sollte
man, wie es früher die Gewohnheit gewesen, sie den verbün=
deten friesischen Häuptlingen anvertrauen? Man hatte doch
gar zu schlechte Erfahrungen dabei gemacht. So verfiel denn
Hamburg auf den ebenso großartigen wie gefährlichen Plan,
sich selbst in Friesland festzusetzen, und den Versuch zu wagen,
von friesischem Boden aus dem Jahrzehnte lang erduldeten
Seeräuberunwesen Schranken zu setzen. Die eroberten Burgen
Sibets wurden niedergebrochen, nur die Sibetsburg blieb noch
einige Zeit stehen, wie es scheint, da die Bremer Schwierig=
keiten machten[1]). Emden aber gedachten die Hamburger zum
Mittelpunkt ihrer Herrschaft zu machen. Ein Rathsherr —
für den folgenden Winter Albert Wibinghusen[2]) — nahm
seinen Sitz in Emden, das durch eine ständige Besatzung ge=
sichert wurde. Das Schloß und den Schein der Regierung,
so berichtet wenigstens Emmius, ließ man, um nicht gar zu
viel Anstoß zu erregen, vorläufig der Mutter des gefangenen
Häuptlings, Fossa. Ein Tag zu Emden mit den anderen
Hansestädten war vermuthlich dazu ausersehen, diese Verhält=
nisse zu ordnen[3]).

Hamburg hatte einen unerhörten Erfolg erkämpft! Das
Hauptverdienst an demselben schrieb man der Tüchtigkeit des
Rathsherrn Simon von Utrecht zu, den das Vertrauen des
Rathes an die Spitze des Unternehmens gestellt hatte. Er

---

fischen Quellen bestimmt, die Zerstörung in das Jahr 1431 (cf. p. 65),
was auch durch eine Notiz der Chronik bei Ehrentraut bestätigt wird:
item 1431 uppe dem dach na Assumptionis worde avergeven Leer in be
hant der Fresen.

[1]) R. H. R. I. 242. — Wegen der Sibetsburg cf. unten p. 82.
[2]) Das folgt aus der K. R. 1433. Rubrik: Exposita ad reysas
dominorum.
[3]) R. H. R. I. p. 126.

gehört zu den wenigen Rathmännern einer freien Stadt=
gemeinde, die sich aus der Gesammtheit so abhoben, daß ihr
Name auch über den Tod hinaus in lebendiger Erinnerung
blieb. Manch' sagenhaften Zug hat die Nachwelt in sein
Leben hineingewoben[1]). Aus den Niederlanden stammend war
er in Hamburg eingewandert, hatte hier das Bürgerrecht
erworben und war 1425 in den Rath gewählt worden. In
den Werken des Friedens, wie in denen des Krieges hatte er
sich wiederholt in gleichem Maße ausgezeichnet. Nach seiner
Rückkehr aus Friesland ward er nun zum Bürgermeister ge=
wählt, und zwar, da die verfassungsmäßigen Plätze besetzt
waren, zum außerordentlichen: eine Ehre, die in Hamburg nie
wieder jemand erfahren hat[2]).

Die Gesammtkosten, die Hamburg in diesem Jahre auf=
gewandt, beliefen sich auf 10396 ₰ 2 β 5 ₰[3]); also etwa
45223 ℳ. nach heutigem Geld[4]). Von diesen wurde der
größte Theil, nämlich 8726 ₰, durch Erhebung eines
Rostgeldes aus den vier Kirchspielen bestritten[5]); 982 ₰
11 β 9 ₰ fielen der Stadtkasse zur Last[6]); wie der übrige
Theil beschafft wurde, wissen wir nicht. Hamburg hatte nach
jenem Statut vom Jahre 1417 ein gutes Recht, für seine
durchaus nicht allein im eigenen Interesse gemachten Be=
mühungen von der gemeinen Hanse einen Ersatz für die großen
Ausgaben zu fordern, und that das um so mehr, als es auch
in den nächsten Jahren voraussichtlich noch große Summen
aufwenden mußte. Auch Lübeck, das Hamburg bei seiner
Unternehmung nicht ganz ohne Unterstützung gelassen hatte,

---

[1]) So übertrug man auf ihn ungerechtfertigterweise das Haupt=
verdienst an dem Siege über Störtebeker und Gödeke Michels 1401. —
Koppmann, Klaus Störtebeker. Hans. Geschichtsblätter 1877, p. 49.
[2]) Beneke, Hamburgische Geschichten und Sagen, p. 117.
[3]) Beilage III.
[4]) Vgl. über die damaligen Münzverhältnisse Koppmann, zur Handels=
geschichte Hamburgs. Mitth. d. V. f. hamb. Gesch. VI., p. 71.
[5]) Beilage III.
[6]) K. K. R. II.

wünschte Erfatz, und schrieb schon Anfang September zu dem
Zweck an die preußischen Städte[1]). Ein Beschluß kam in
diesem Jahre zwar nicht mehr zu Stande, aber die wendischen
Städte beraumten, um einen solchen durchzusetzen, auf den
11. April des nächsten Jahres einen Tag zu Lübeck an[2]), der
dann auf den 5. Juni verschoben wurde. Die Wendischen
schlugen die Erhebung eines Pfundgeldes zu Brügge vor, aus
dem Hamburg und Lübeck bezahlt werden sollten[3]). Dem
Tage gingen mehrfache Verhandlungen der einzelnen Städte=
gruppen unter einander voraus, und sehr geneigt zeigten sie
sich wahrhaftig nicht. Wenigstens wissen wir das von den
preußischen und livländischen Städten. Sie waren den Ham=
burgern gar nicht sehr gewogen, denn diese hatten 1413 für
die aus Livland nach der Elbe kommenden Güter den Werk=
zoll erhöht[4]) und im Herbst 1433 den preußischen und liv=
ländischen Kaufleuten einen neuen, den Stader Zoll, auferlegt,
den sich die Betroffenen keineswegs wollten gefallen lassen[5]).
Die preußischen Städte beschlossen demgemäß, dem Pfundzoll
womöglich entgegenzuarbeiten[6]), und die livländischen waren
gewillt, in der Frage sich den Preußen anzuschließen[7]). Nichts=
destoweniger wurde auf dem außerordentlich zahlreich besuchten
Tag zu Lübeck die Einsetzung eines Pfundgeldes zu Brügge,
das namentlich die Kosten einer Gesandschaft nach England
decken sollte, durchgesetzt. Hamburg sollte aus demselben
1000 ₰ (à 7½ ₰ lübisch) erhalten, außerdem aber noch
selbst ein Pfundgeld erheben dürfen, doch nur während der

---

1) R. H. R. I. 185.
2) Daf. 195.
3) Daf. 185, 195. Ueber die Geschichte des Pfundgeldes vgl.
K. K. R. I, p. LVIII.
4) R. H. R. I, 219. — Werkzoll ist der bei der Insel Neuwerk
erhobene Zoll. K. K. R. I, p. LXXXIX.
5) R. H. R. I, 233 ff.
6) Daf. 268, 10.
7) Daf. 226, 8.

Dauer des brüggischen, und nur für die nichthansischen Schiffe; dagegen · mußten Hamburg und Lüneburg die Aufhebung des Staber Zolls versprechen[1]).

Wenden wir uns nach Friesland zurück, so erhebt sich die Frage, wie sich eigentlich die Friesen zu den hamburgischen Erfolgen und zu der Besitzergreifung von Emden stellten. Zunächst, wie verhielten sich Edzard und seine Bundesgenossen, die so wesentlich zu den Siegen der Hamburger beigetragen hatten? So weit wir zu erkennen vermögen, zögerte Edzard nicht, seiner klugen und gemäßigten Politik getreu zu bleiben. Er versuchte nicht etwa, wie es nahe lag, den Fremdlingen Emden abspenstig zu machen und sich dadurch in ebenso schwierige, wie gefahrvolle Kämpfe zu stürzen, sondern er ließ vielmehr die Hamburger ruhig in dem Besitze des Eroberten, und hielt auch ferner die Bundesgenossenschaft mit ihnen. Wo er ihre Macht sah, scheute er sich nicht, sich ihnen unterzuordnen, und doch entwickelte er andrerseits eine selbständige Thätigkeit, die hier und da auch wol einmal den Fortschritten der Einbringlinge gradezu entgegenwirkte. Er mag es damals erkannt haben, daß der möglichst enge Anschluß an Hamburg, ohne Aufgabe der selbständigen Politik, ihm unermeßliche Vortheile und seinem Hause weitschauende Aussichten eröffnete.

Nicht alle Friesen aber fanden sich mit gutem Geschick in die neuen Verhältnisse. Dürfen wir unseren Chroniken trauen, so war die Besetzung Emdens durch die Hamburger gegen die vorherige Abmachung gewesen. Das erregte doch viel böses Blut unter den Friesen, und im Frühjahr 1434 geschah eine Erhebung, die nichts Geringeres als die Ermordung · der hamburgischen Besatzung bezweckte. Diese aber, von den deutschen Einwohnern Emdens gewarnt, setzte sich rechtzeitig zur Wehr und dämpfte den Aufruhr[2]). Ebenso berichtet

---

1) R. H. R. I, 321, 7—11, 37, 39, 40.
2) Korner, p. 1328. Tratziger, p. 171.

uns auch die Kriegsrechnung von verrätherischen Gesellen in
Emden, deren Häupter um Pfingsten 1434 unter dem Beile
des Scharfrichters fielen[1]).

Nach diesen anfänglichen Schwankungen aber bürgerte
sich die hamburgische Herrschaft in Emden rasch ein. Die
Stadt selbst hatte keinen schlechten Tausch gemacht. Die neuen
Herrn verfuhren mit möglichster Schonung. Einen Amtmann
und eine Besatzung mußte man sich zwar gefallen lassen, in
der Stadtverfassung aber blieb Alles beim Alten: Richter und
Rath besorgten nach wie vor die innere Verwaltung[2]). Einer
glänzenden Zukunft aber sah der Handel Embens entgegen.
War derselbe schon unter Hisko und Imel nicht ohne Bedeutung gewesen[3]): was für ein Aufschwung stand nun unter
dem Schutze der mächtigen Hansestadt zu erwarten die nicht
zögerte, Emden sofort als Handelsplatz zu benutzen![4])

Dabei geriethen die Hamburger nun allerdings mit einer
Macht in Konflikt, der ihre Niederlassung in Emden höchst
unbequem war, mit Groningen. Diese bedeutende und zum
Hansebunde gehörige Stadt hatte wohlbegründete Ursache, den
hamburgischen Unternehmungen mit Mißtrauen zu begegnen:
in dem Aufblühen Embens mußte sie, zumal dieses die gün-
stigere Lage hatte, eine große Gefahr für ihren Handel erblicken;
geradezu unerträglich war es für sie, neben sich ein mächtiges
Handelsemporium aufstreben zu sehen.

Es ist klar, daß die beiden Rivalen sich bald ins Gehege
kommen mußten. Kaum war die Schifffahrt im Frühjahr
1434 eröffnet, als bereits kleinere Streitigkeiten, hervorgerufen

---

[1]) K. R. 1434: Item magistro Godfrido qui decollavit tradi-
tores in Emeden 24 β, unter der Rubrik Soldatis in Emeden domino
Detlevo Bremer destinatis ad integrum annum ibidem permansuris
et penthecostes est terminus illorum.

[2]) Emm. p. 326.

[3]) Vgl. darüber Schwedenbiek, Beiträge zur Geschichte von Embens
Handel und Schifffahrt. Emb. Jahrb. 1874, p. 36 ff.

[4]) Emm. p. 334.

durch Richtachtung der gegenseitigen Handelsprivilegien, ent=
standen[1]). Den Zwist zu verschärfen kam ein weiterer Umstand
hinzu. In den groningischen Landen waren wieder einmal die
Partheikämpfe in vollem Gange. Zwei friesische Männer, Ailko
Howerba und sein Bruder Eggo, die in diejelben verwickelt waren
und den Haß der Stadt Groningen zu fürchten hatten, forderten
die Hamburger auf, zu ihrer Sicherung einige Truppen als Be=
satzung in ihre Burg Termünten zu legen. Diese zögerten nicht, der
Aufforderung nachzukommen und den als Grenzfeste wichtigen
Platz zu besetzen. Sie faßten dadurch auf groningischem Ge=
biete festen Fuß, was selbstverständlich die Groninger außer=
ordentlich erbitterte. Ein offener Krieg schien bevorzustehen,
allein beide Partheien hielten es doch für gerathener, auf
gütlichem Wege einen Ausgleich zu versuchen: man beschloß,
zu diesem Zwecke in Emden zusammenzukommen.

Die Verhandlungen begannen am 20. April, sie waren
erst im Oktober abgeschlossen[2]). Anwesend waren, soviel wir
wissen, außer den Hamburgern, Sendeboten von Groningen,
Lübeck, Lüneburg,[3]) Oldenburg und Häuptling Edzard. Hamburg
wurde durch Simon von Utrecht und Ludolf Meltsing vertreten,
die Albert Wibinghusen in Emden abgelöst hatten[4]). Die
Verhandlungen nahmen anfangs einen wenig erfreulichen Ver=
lauf, eine Einigung wollte nicht gelingen[5]). Man griff endlich
zu dem Mittel, auf beiden Seiten je zwei Schiedsrichter zu

---

[1]) Emm. p. 234 ff.

[2]) R. H. R. I p. 176 setzt den Schluß Ende Mai. Um diese Zeit
ist wahrscheinlich der lübeckische Rathssendebote abgereist, aber die Verhand=
lungen dauerten fort. Noch nach dem 7. September wird den hamburgischen
Rathsherren Geld zum Tage in Emden gesandt. (In der R. R. 1434 heißt
es unter der Rubrik: „In paratis denariis exposita", nach einer Eintragung
zum 7. September: 12 ₤ 14 β domino Symoni de Utrecht et Alberto
Widinghusen ad dietam in Emden). Emmius, der über die groningischen
Verhältnisse stets gut unterrichtet ist, giebt als Ende des Tages den dritten
Oktober an.

[3]) R. H. R. I 274.

[4]) Das folgt aus der K. R. Rubrik: In paratis denariis exposita.

[5]) R. H. R. I 274.

wählen; die Hamburger erkoren Edzard und den oldenburgischen Drosten Dietrich Barbewisch[1]).

Das Regiment der hamburgischen Rathsherren in Emden unterlag während dieser Zeit mannigfachen Schwankungen. Bereits im Mai war noch ein dritter eingetroffen, Herr Detlef Bremer, dem bald die Aufgabe zufiel, allein die hamburgischen Interessen in Emden wahrzunehmen. Denn Simon von Utrecht und Ludolf Meltsing begaben sich Anfang Juni zu der gleich= zeitig in Lübeck tagenden Versammlung, um hier Bericht über die friesischen Verhältnisse zu erstatten[2]). Sie kehrten dann nach Emden zurück, doch blieb Meltsing nicht mehr lange dort; statt seiner finden wir im September Albert Wibinghusen anwesend[3]).

Langsam schritten inzwischen die Verhandlungen vorwärts. Endlich im Oktober fiel der Schiedsspruch. Er bestimmte nur einen zweijährigen Waffenstillstand, in dessen Verlauf alle Streitigkeiten beigelegt werden sollten. Für die Zwischenzeit verlangte er freien Verkehr zu Lande und zu Wasser für die Kaufleute beider Partheien, forderte von beiden Theilen An= strengungen, die Kämpfe in den groningischen Landen beizulegen, und verbot den Embern und Hamburgern mit irgend jemandem jenseits der Ems ein Bündniß gegen Groningen abzuschließen. Am 3. Oktober unterzeichneten die drei hamburgischen Raths= herren, am folgenden Tage der groningische Senat[4]). Simon von Utrecht und Albert Wibinghusen reisten darauf ab, Detlef Bremer blieb zurück und führte nun den vorher nicht

---

[1]) Emm. p. 335. — Derf. p. 332 hält Barbewisch für einen Hamburger; nach Friedl. I 482 und 580 ist er vielmehr ein oldenburgischer Drost.

[2]) R. H. R. I 282. 2.

[3]) K. R. Item 44 tal. domino Detlevo Bremer per dominos Symon de Utrecht et Lud. Meltsingh qui recesserunt a dyeta in Emeden.
Item 200 schutos aureos domino Detlevo Bremere per dominos S. de Utr. et Alb. Wid. in profesto nabivitatis Marie (7. Sept.).

[4]) Emm. p. 335.

6

nachzuweisenden Titel eines hamburgischen Amtmannes in Emden[1]).

Alles in Allem waren die Ergebnisse dieses Jahres für die Hamburger nicht ungünstig. Hatte man auch keine glänzenden Erfolge zu verzeichnen, so hatte man doch die Herrschaft in Emden befestigt. Der Aufstand der neuen Unterthanen war rasch unterdrückt worden; in Edzard hatte man auch für die Zukunft einen Bundesgenossen gefunden; ein offener Krieg mit Groningen war glücklich vermieden. So war doch ein Grund gelegt, auf dem man weiter bauen konnte.

Die Ausgaben dieses Jahres zeigten, verglichen mit denen des Vorjahres, eine große Abnahme. Sie betrugen nach den Aufzeichnungen der Kämmerer Hinrik Koting und Dietrich Moller 4181 ₰ 7 β[2]), also weniger als die Hälfte der vorjährigen. Freilich fielen nun dieses Mal die sämmtlichen Kosten der Stadtkasse allein zur Last[3]), die somit mehr als das Vierfache der vorjährigen Summe zu bezahlen hatte. Zum Ersatz dafür aber war ja der Stadt jenes Pfundgeld bewilligt, das vom nächsten Jahre ab erhoben werden sollte und durch das wenigstens ein theilweiser Ausgleich zu erwarten stand.

So konnte Hamburg getrost dem folgenden Jahre entgegensehen. Es wurde in diesem durch den Frieden zu Wordingborch[4]) von seinen Verwicklungen mit Dänemark befreit und konnte nun seine ganze Aufmerksamkeit auf Friesland richten. Man begann mit gutem Erfolg eine Erweiterung der gewonnenen Herrschaft, und faßte den Plan, an geeigneten Plätzen zur Sicherung der Macht Burgen anzulegen.

Ehe man dazu schritt, wurde zunächst über das endliche Schicksal der Sibetsburg entschieden. Die Erhaltung der Burg hatte für Hamburg offenbar wenig Zweck, denn dieselbe war von

---

[1]) Urkundlich zuerst am 19. Oct. Friedl. I 438.
[2]) K. R.
[3]) K. K. R. II.
[4]) R. H. R. I p. 240.

Emben so weit entfernt, daß man sie nur mit den allergrößten
Schwierigkeiten und Kosten halten konnte; Bremen aber scheint
gewünscht zu haben, daß die Burg unzerstört bliebe, wenigstens
deutet darauf ein Vertrag des Bremer Rathes mit Hayo Harlbe
und Lubbo Onneken[1]), zweien jener neuen Existenzen, die nach
Sibets Tode in seinen Ländern emporkamen. Der Rath versprach in demselben, dahin wirken zu wollen, daß die genannten
Häuptlinge die Sibetsburg als Lehen empfingen. Dachte Bremen
etwa wieder, wie einst, an eine Machtstellung in den östlichen
Ländern? Wie dem auch sei, es hatte mit seinen Plänen kein
Glück. Es fanden lebhafte Unterhandlungen statt[2]), deren
Resultat war, daß die Bremer sich verpflichteten, die Burg
niederzureißen, wofür ihnen von Hamburg eine Entschädigung
gezahlt wurde[3]).

Jetzt begannen die Hamburger mit der Ausführung ihrer
Pläne. Mit richtigem Blick erkannten sie, wie viel auf eine
sichere Beherrschung auch der oberen Ems ankäme. Die Stelle,
an der die Leda sich in die Ems ergießt, nicht weit von Fockos
ehemaligem Schloß Leer, schien ihnen hervorragend geeignet
zur Anlegung einer Burg[4]). Wie Emden an dem einen, so
lag dieser Punkt an dem anderen Ende des für Handel und
Verkehr wichtigen Theiles der Ems, er gestattete zugleich durch
seine Lage mitten in Friesland ein schnelles Eingreifen nach
allen Seiten hin und war von Emden aus leicht zu erreichen.
Im Einverständniß mit ihrem Bundesgenossen Edzard ließen
die Hamburger Steinmetze und Zimmerleute kommen, und bald,
im Juni oder Juli, erhob sich an dieser Stelle die starke
Feste Leerort[5]), die eine hamburgische Besatzung in sich auf-

---

[1]) Friedl. I 442.
[2]) In den K. R. heißt es unter der Rubrik Cursoribus wiederholt
ad Buten Jadingerland und ad Sibethesborch.
[3]) K. K. R. II 1435. 220 ℔ Bremensibus pro fundamentali de-
structione Sybetesborch in recompensum expensarum exinde factarum.
[4]) Ben. p. 280. Emm. p. 338.
[5]) Die K. R. haben folgende Eintragungen, die sich offenbar darauf
beziehen: Exposuimus infra scriptis lathomis feria secunda post ascen-

nahm[1]). Einen zweiten Stützpunkt suchte man dann an der Leda selbst, mitten in den ehemaligen Besitzungen Fockos zu gewinnen. Ein Anschlag auf die bei Detern gelegene Slotelburg wurde zwar durch Edzard insgeheim hintertrieben, denn ihm war diese weitere Verstärkung der Bundesgenossen doch nicht geheuer; dann aber konnte er nicht verhindern, daß diese einen anderen, nordwestlich von Detern sehr günstig gelegenen Ort, Stickhusen, besetzten und dort mit großer Schnelligkeit eine Burg erbauten, in die eine Besatzung unter dem Rathsherrn Paribon Lutke gelegt wurde[2]).

Inzwischen arbeitete man auch mit allen Kräften an der Befestigung Embens. Fortwährend werden in den Rechnungen dieses Jahres Ausgaben für Bollwerke, sogenannte „barchvreden"[3]), in Emden aufgeführt. In Ribenborch wurde ein ganzes Bollwerk abgebrochen, um es in Emden wieder aufzubauen[4]). Überhaupt sandte man von Hamburg aus viel Material hinüber, wobei es wol einmal vorkam, daß dasselbe von räuberischen Friesen unterwegs abgefangen wurde[5]). Besondere An-

---

sionem (30. Mai) etc. 35 ℔ 11 ß 6 ₰. — Infra scriptis carpentariis exposuimus infra scripta sabbato Johannis et Pauli (26. Juni) etc. 38 ℔ 10 ß. — Exposuimus infra scriptis carpentariis pro eorum instrumentis et vestimentis praedictis in Frisia etc. 30 ℔ 16 ß.

[1]) Als Vogt der Burg nennen Beninga und Emmius Eggerich Beierflet. Es ist aber sehr zweifelhaft, ob derselbe schon damals diese Stellung bekleidete. Urkundlich kommt er erst fast 30 Jahre später, 1463 und 1464, in derselben vor. (Friedl. I 791, 802.) Sicher falsch ist, wenn Emmius ihn als hamburgischen Rathsherrn bezeichnet, denn in den genannten Jahren, in denen er „vaget up Leerort van bevell des edelen gnedigen junckern Ulriches" ist, waren die Hamburger längst nicht mehr im Besitze Leerorts.

[2]) Ben. p. 281. Emm. p. 339.

[3]) Hochdeutsch bervrit. Lexer, Mittelhd. Wörterb.: hölzerne Verschanzung auf einem Berge, woraus sich die Begriffe Thurm, Bollwerk, befestigtes Haus, entwickelten.

[4]) K. R. 4 ℔ 13 ß 8 ₰ pro expensis et sallario frangendi den barchvrede tho Ribenborch et ad portandum hic.

[5]) K. R. 4 ℔ 8 ß Hayen Scholere super vracht ad portandum navigio minorem barchvrede ... versus Emeden, quod quidem Frisones in via ceperunt. — primo sabbato Cantate pro lignis diversis de buwhoff ad antiquum edificium missum versus Emeden et per Frisones de Herlinge captum.

strengungen erforderte die Errichtung eines großen Bollwerks, dessen Bau vom Mai bis zum Juli währte und die Summe von 133 ℔ 14 β 11 ₰ verschlang[1]). Hand in Hand mit diesen Befestigungen ging eine Vermehrung der Truppen; wenigstens wurden nach den Rechnungen in diesem Jahre viel mehr Söldner als früher von Hamburg aus nach Emden geschickt.

Die Friesen sahen diesen hamburgischen Bestrebungen mit sehr gemischten Gefühlen zu. Besonders erbittert mußten die Gemeinden des Overlebinger=, Mormer= und Lengenerlandes sein, in deren Gebiet sich die Hamburger mit ihren Burgen hineingedrängt hatten. Einst hatten diese drei Hauptlande Fockos, Allen voran, das Zeichen zum Abfall von dem Mächtigen gegeben, jetzt wurden sie die Ersten, die sich von dem allgemeinen Bunde des Jahres 1430 lossagten. Der Grund ist kaum zweifelhaft: sie fühlten sich offenbar von dem Vorgehen der Hamburger aufs Ernstlichste in ihrer Freiheit gefährdet und von der Politik Edzards bitter enttäuscht. Noch einmal wurde in ihnen das Bild des furchtbaren Kriegshelden, ihres alten Herrn, lebendig; ihm verbanden sie sich von Neuem, um unter seiner Führung die Hamburger und ihre Bundesgenossen aus Friesland zu verjagen.

Focko Ukena hatte in den letzten Jahren schwere Prüfungen erfahren. Er hatte seine treuesten Gefährten, seinen Schwieger=sohn Sibet und seine Söhne Udo und Uko verloren, die ersteren Beiden durch die Schlacht bei Lutetsburg, den Letzteren wahr=scheinlich durch ein Scharmützel im Jahre 1432[2]). Er selbst hatte vor den Hamburgern aus den Landen Sibets, in denen er ja seinen Aufenthalt genommen, entweichen müssen. Er

---

[1]) K. R. Rubrik: ad structuram des Barchfredes in Emeden.
[2]) Ben. p. 283, Emm. p. 328 lassen Uko im Jahre 1432 in einem Scharmützel mit den Hamburgern umkommen. Da sie die friesischen Ver=hältnisse im Allgemeinen chronologisch richtig erzählen, und nur die hambur=gischen Unternehmungen zu früh setzen, so glaube ich, wird man das Jahr 1432 beibehalten müssen. Über den Verlauf des Vorgangs läßt sich dann nichts Genaues feststellen.

war nach Groningen gegangen, dann nach Münster[1]), wo er
die nächsten Jahre ohne Macht und Ansehen zubrachte.

Jetzt bot sich für ihn die Gelegenheit, noch einmal wieder
Einfluß auf die Geschicke Ostfrieslands zu erlangen. Am
1. August 1435 söhnte er sich mit seinen ehemaligen Unter=
thanen förmlich aus. Der Vertrag[2]), der sich gegen die
„Hamburger und ihre Helfer" richtete, gestand Focko neben
den drei höchsten Gerichten in den drei Landen alle Güter in
Friesland zu, die er als Eigenthum nachweisen könne; er ge=
stattete ihm, alle Pachtgelder einzufordern, die man ihm seit
der Übergabe Leers schuldig sei, und räumte ihm als Wohn=
plätze ein Schloß zu Detern, die Kirche und den Thurm zu
Lengen ein, bis eine neue Burg in Leer oder sonstwo gebaut
sei. Wer will sagen, was Focko, der so noch einmal in eine
bedeutende Stellung einzutreten schien, erreicht hätte, wenn es
wirklich zu einem gewaltsamen Aufstande gegen die hamburgische
Herrschaft gekommen wäre? Aber wir hören nichts von einer
Ausführung des Vertrages, hören nichts von kriegerischen
Unternehmungen Fockos: ein vollkommenes Dunkel schwebt über
den folgenden Ereignissen, und wir wissen nur, daß Focko im
nächsten Jahre gestorben ist[3]). In ihm ging ein Mann dahin,
der durch sein über alle Maßen rücksichtsloses und selbstsüchtiges
Wesen mehr Elend als Segen über Friesland gebracht hatte; ohne
höhere politische Begabung und ohne richtiges Verständniß für die
Eigenart seines Volkes zeigte er wirklich hervorragende Fähig=
keiten einzig und allein im Kriege.

Nicht lange vor seinem Gegner war auch der unglückliche

---

[1]) Emm. p. 331. R. H. R. I 334.
[2]) Friedl. I 446.
[3]) Bippen p. 51 Anm. hat zum ersten Mal darauf aufmerksam ge=
macht, daß Focko nicht, wie Beninga und Emmius angeben, 1435 gestorben
ist, da er noch eine Privaturkunde des Jahres 1436 (Friedl. I 454) mit
ausstellt. Weil er dann verschwindet, setzt Bippen seinen Tod 1436 an.
Daß diese Vermuthung richtig ist, bestätigt die friesische Chronik bei Ehren=
traut I durch die Notiz: Item 1436 starff Focke Uken in — — —
Leider fehlt die Angabe des Orts.

Ocko tom Brok gestorben. Bis zum Jahre 1434 war er ein gefangener Mann gewesen[1]), zuletzt in Münster, wohin Focko ihn hatte bringen lassen. Dann endlich hatte der friesische Bund zusammen mit dem Erzbischof von Bremen seine Freilassung durchgesetzt. Allein er sollte die wiedergewonnene Freiheit nicht lange genießen: im Frühjahr 1435 erkrankte er heftig in Norden und starb, der Letzte eines Geschlechtes, das einst zu großen Dingen berufen schien.

Auf seinem Krankenbette hatte Ocko ein Testament gemacht. Dasselbe enthielt über die Nachfolge in seinen Erbgütern nur unbestimmte Angaben; es setzte nämlich fest, daß die nächsten Freunde und Verwandten die wahren Erben sein sollten. Als nächstberechtigt sahen sich ein Onkel Ockos, Sibrand von Loquard, und dessen Sohn Brunger an, allein sie mußten ihren Anspruch vor einem Mächtigeren aufgeben. Edzard nämlich forderte die Erbschaft für sich und sein Haus; er war entschlossen, die Güter, die er während der Gefangenschaft Ockos verwaltet hatte, nun nach dem Tode desselben nicht in andere Hände übergehen zu lassen, und er konnte dies um so mehr wagen, als er durch sein entgegenkommendes Wesen und seine verständige Verwaltung während der Zeit der Vormundschaft sich die Liebe der Unterthanen Ockos in hohem Maße erworben hatte[2]).

---

[1]) In 2 Urkunden vom 12. Januar 1431 und 25. Juni 1434 (Friedl. I 396, 438) heißt Edzard „vormunder des Brokmerlandes", das nach Ockos Gefangennahme unter seine Verwaltung gekommen war; in einer Urkunde vom 30. November 1434 (Friedl. II 1778) führt er diesen Titel nicht mehr. Daraus scheint zu folgen, daß Ocko am 25. Juni 1434 noch gefangen, am 30. November aber frei war. Es stimmt dazu, daß Emmius (p. 337) die Freilassung gleichfalls zum Jahre 1434, und zwar nach einem auf den 25. Juni bezüglichen Ereigniß berichtet. Mir scheinen diese Thatsachen gewichtiger zu sein als der Grund, den Friedl. (I 405, Anm. 1) für seine Freilassung im Jahre 1432 vorbringt. Daß der Pachtvertrag, auf den er sich beruft, nicht rechtzeitig, 1430, erneuert war, kann bei den wirren Zuständen, die damals herrschten, nicht Wunder nehmen. Daß der Erzbischof von Bremen sich herbeiließ, die betreffenden Zehnten an den gefangenen Ocko zu verpachten, erklärt sich daraus, daß er durchaus auf dessen Seite stand und ihn nach wie vor als Herrn in Ostfriesland betrachtet haben wird.

[2]) Emm. p. 337.

Sibrand und sein Sohn sahen sich genöthigt, wie wenigstens
Beninga erzählt, ihren Anspruch gegen die unbedeutende Ent=
schädigung durch das Dorf Kampen aufzugeben[1]); aber erst
24 Jahre später willigte der Sohn Brungers endgültig in die
Abtretung[2]).

Edzards Macht erfuhr bald darauf noch eine weitere
Stärkung. Seit einiger Zeit bereits war er Häuptling des
Norder neuen Landes. Im Mai 1436 begab sich nun auch
der übrige Theil Nordens, das alte Land, in seinen Schutz
und erkannte ihn als Häuptling an. Hier hatte einst Udo,
der Sohn Fockos, geherrscht, der bei seinem Tode seine Ge=
mahlin Hima als Nachfolgerin hinterlassen hatte. Diese, durch
einen glücklichen Kriegszug der verbündeten Friesen im Jahre
1434 gedehmüthigt[3]), war seitdem ohne Macht und mußte es
nun erleben, daß ihre Unterthanen sich von ihr abwandten.

Auch an kriegerischen Erfolgen fehlte es nicht, die Edzard
in dieser Zeit an der Seite seiner Bundesgenossen, der Ham=
burger, errang. In den Kämpfen des Jahres 1433 nämlich
hatte eine Anzahl friesischer Häuptlinge, da sie zur Parthei
Fockos gehörten oder in ihren Schlössern Seeräuber bargen,
vor den siegreich vordringenden Hamburgern Friesland ver=
lassen müssen. Jetzt nun entstand das Gerücht, diese Ver=
triebenen wollten mit holländischer Hülfe ihre Rückkehr er=
zwingen. Den Hamburgern und Edzard war diese Nachricht
gleich unangenehm. Der hamburgische Amtmann, Detlef
Bremer, beschloß, um den Gegnern von vorn herein jeden
Stützpunkt in Friesland zu entziehen, die Schlösser, die sie auf
friesischem Boden noch besaßen, zu zerstören. Ein erster Vor=
stoß der hamburgischen und friesischen Truppen gegen Oster=
husen mißlang; erst durch neue Verstärkungen konnte die Burg,
in der der vertriebene Imel eine gute Besatzung zurückgelassen

---

[1]) Ben. p. 294.
[2]) Friedl. I, 752.
[3]) Daf. 428.

hatte, genommen werden. Dann aber fielen in rascher Folge
Hinte, Grimersum, Grothusen, Frebsum, Westerhusen und
vielleicht auch Larrelt[1]). Im Anfange des folgenden Jahres
wurden dazu noch zwei in unmittelbarer Nähe Embens gelegene Burgen, Nesse und Wilgum, zerstört, da man von ihren
Besitzern nichts als Schaden zu gewärtigen hatte[2]). Das
Material, das man aus den niedergerissenen Burgen gewann,
wurde nach Emden geschafft; und hier zur weiteren Befestigung
der Stadt verwandt.

Noch einen großen Erfolg brachte das Jahr 1437, als
es gelang, in den Gegenden, die ehemals Focko besessen, dank
der beiden dort angelegten Burgen die hamburgische Herrschaft
wirklich einzubürgern. Es begab sich nämlich im Sommer das
Kirchspiel Leer in den Schutz der Hamburger und des Amtmannes zu Emden, versprach ihnen Treue und Gehorsam,
räumte ihnen einen Theil der höchsten Gerichtsbarkeit ein und
sicherte dem Amtmann eine jährliche Naturalabgabe zu[3]).

Als Detlev Bremer im Sommer 1437 nach Hamburg
heimkehrte und einem Nachfolger, Herrn Vicko Wigershope[4]),
seine Stelle hinterließ, konnte er mit großer Genugthuung auf
die Zeit seiner Thätigkeit zurückblicken. Die Befestigung der

[1]) Ben. p. 298 ff. Emm. p. 340.
[2]) Ben. p. 299. Emm. p. 341.
[3]) Friebl. I, 484. Das ungefähre Datum, zwischen dem 11. Mai und
7. Oktober, bestimmt sich aus der Angabe, daß zwei Amtmänner, Bremer
und Wigershope, zugegen waren. Bremer erscheint urkundlich als Amtmann
allein zuletzt am 11. Mai, Wigershope zuerst allein am 7. Oktober. In
der Zwischenzeit, urkundlich zuerst am 11. Juni, zuletzt am 28. Juni, sind
beide als Amtmänner in Emden nachzuweisen. (Friebl. I, 470, 71, 72, 76).
[4]) Emm. p. 342 nennt als Nachfolger Hero Ubena, die Darsteller der
friesischen Geschichte sind ihm darin gefolgt; urkundlich aber steht Vicko
Wigershope fest. — Es ist Emmius hier ein merkwürdiges Versehen passirt.
In einem 1591 von Emmius verfaßten Katalog, der kurze Angaben über
Magistrate in Emden enthält (Friebl. I, 294 Anm.), findet sich nämlich zum
Jahre 1437 die Eintragung: Here Vecke amptman inne Emeden scrip-
sit ad senatum Groninganum pro Habbone Suterio cive Emdano.
Here Vecke bedeutet ganz richtig Herr Vicko (sc. Wigershope). Nun wird
Emmius diese kurzen Angaben bei Abfassung seiner Geschichte, an der er
von 1581—1616 arbeitete, benutzt haben. Dabei hat er sich offenbar ver-
lesen, und aus Here Vecko den ganz friesischen Namen Hero Ubena gemacht.

hamburgischen Herrschaft hatte unzweifelhafte Fortschritte ge=
macht, Emden war im Aufblühen begriffen, von Seeräubern
hörte man wenig mehr, mit Edzard und der Mehrzahl der
Friesen stand man nach wie vor in bestem Einvernehmen.
Wenn dennoch die Lage nicht so günstig war, wie es danach
erscheinen möchte, so lag das in den unerfreulichen Beziehungen
zu gewissen auswärtigen Mächten. Ihnen müssen wir im
Folgenden unsere Aufmerksamkeit zuwenden.

III. Kapitel.

Hamburgs Beziehungen zu Groningen, Münster und Holland.

Wir haben gesehen, wie die Hamburger bald nach der
Besetzung Embens mit der Stadt Groningen in einen ernst=
haften Streit geriethen, wie aber dann nach längeren Verhand=
lungen im Herbst 1434 ein Waffenstillstand die Streitenden
für den Augenblick besänftigte. Man hatte sich damals dahin
geeinigt, innerhalb der Zeit des Stillstandes einen Tag zu
halten, um auf ihm die schwebenden Zwistigkeiten beizulegen.
Im Jahre 1436 ergriffen die Groninger hierzu die Initiative.
Sie schickten nach Emben und forderten die Hamburger zu einer
Besprechung auf. Dieselbe fand in Termünten, das noch
immer eine hamburgische Besatzung trug, in Anwesenheit
Detlev Bremers und der groningischen Sendeboten statt. Zu
einem Austrag der Streitpunkte kam es nicht; man griff viel=
mehr, wie es die Gewohnheit war, zu dem bequemen Mittel,
einen Schiedsrichter zu erwählen, und einigte sich auf die
Person des Bischofs von Münster. Dieser nahm die Wahl
an, und erschien am 14. October in Emben, wo nun die
Verhandlungen begannen. Allein alle Bemühungen waren
vergeblich, eine Verständigung wurde nicht erzielt, zumal eben
damals die Gemüther durch neue Aergernisse erhitzt wurden.

Denn jener Ailko, auf deſſen Bitten die Hamburger Termünten beſetzt hatten, hatte im Vertrauen auf die Freundſchaft derſelben ſich von Neuem große Gewaltthätigkeiten gegen die Bundesgenoſſen der Groninger erlaubt, und Aehnliches war von Seiten eines gewiſſen Eppo, eines Verwandten Edzards, geſchehen. In ſteigender Erbitterung ging man nach den fruchtloſen Verhandlungen auseinander, und nur wenig wollte es bedeuten, daß Edzard, den um das Schickſal ſeines Verwandten Eppo bangte, im nächſten Jahre noch einmal vermittelte: die Zwietracht brach bald darauf in heftigſter Weiſe wieder aus[1]).

Das mittelalterliche Handelsrecht kannte die Beſtimmung, daß ein Fremder, der in einer Stadt oder in ihrem Gebiete Waaren, namentlich Getreide, gekauft hatte, dieſe auch wieder eben dort verkaufen ſolle, damit ſie dem betreffenden Orte nicht verloren gingen. Dieſes Statut, das beiſpielsweiſe in Hamburg noch zwei Jahrhunderte ſpäter nicht ganz verſchwunden war[2]), galt auch in Groningen. Nun geſchah es im Jahre 1437, daß ein Bürger aus Emden im groningiſchen Gebiet Getreide aufkaufte, es auf ein Schiff lud und exportiren wollte. Ehe es aber dahin kam, ließ der Erſte der Kaufmannſchaft, die von dem Vorhaben erfahren, Schiff und Ladung mit Beſchlag belegen und nach Groningen bringen. Der Embener Kaufmann wandte ſich darob an den hamburgiſchen Amtmann Wigershope, der ſich in einem Briefe bei dem groningiſchen Senate für ihn verwandte. Jener bäte um Verzeihung, ſo ſchrieb er, für den begangenen Fehler; das Schiff und ſeine Ladung aber, die man ihm trotz des beſtehenden freien Handelsverkehrs unrechtmäßiger Weiſe abgenommen, möge man ihm zurückgeben, um ſo mehr, als feſtſtände, daß von Emden aus

---

[1]) Emm. p. 335 ff. — Seiner Erzählung über die Beziehungen zu Groningen, über die er ſich ſehr genau unterrichtet zeigt, folge ich auch weiterhin.

[2]) Ehrenberg, Wie wurde Hamburg groß? I. Die Anfänge des Freihafens p. 20.

drei oder viermal mehr Getreide nach Groningen importirt worden sei, als jener habe exportiren wollen. Es ist sehr begreiflich, daß der groningische Rath sich auf diese Forderung, deren rechtliche Begründung doch sehr zweifelhafter Natur war, nicht einließ; er hielt das konfiscirte Schiff zurück.

Von gegnerischer Seite antwortete man darauf mit Kaperei gegen die Groninger. Besonders that sich darin Ailko hervor, der von seiner Burg Termünten aus die Kaufleute überfiel und ausraubte. Diese Burg mit ihrer hamburgischen Besatzung war den Groningern längst ein Dorn im Auge; sie entschlossen sich jetzt, im Jahre 1438, zu einem Angriff gegen dieselbe. Heimlich rüsteten sie und übertumpelten in einer Augustnacht plötzlich die Burg; diese fiel in ihre Hände, Ailko und die hamburgische Besatzung wurden gefangen. Ein zweiter Angriff galt dem Schlosse Eppos: auch dieser gelang. Ailko schloß bald darauf Frieden, versprach Treue und Gehorsam und mußte seine Burg den Groningern bis auf Weiteres als Pfand lassen. Die Besatzung aber blieb gefangen, und die Hamburger konnten gerade damals nichts für sie thun, da ihnen, worauf wir bald kommen werden, Gefahr von Holland her drohte.

So änderte sich trotz dieses Ereignisses in der Lage zunächst nichts. Allein weitere Konflikte trieben die Gegensätze doch allmälig auf die Spitze.

Die Hamburger nahmen für Emden das Stapelrecht in Anspruch, d. h. kein Schiff durfte an Emden vorbeifahren, ohne in dem dortigen Hafen seine Ladung drei Tage den Bürgern der Stadt zum Verkaufe feilgeboten zu haben. Da geschah es 1438, daß ein Mann aus dem Lande Hadeln zusammen mit einem groningischen Bürger, um das Stapelrecht zu umgehen, bei Nacht heimlich mit einem beladenen Schiff ohne Aufenthalt an Emden vorbeifahren wollte. Sie wurden aber abgefaßt, und der hamburgische Amtmann Nicolaus Rethel[1]),

---

[1] Emm. schreibt Nicolaus Fetelius, Wiarda gar Fatel. Am 21. Jan. ist Wigershope noch Amtmann; von da an 1438 und 1439 sind urkundlich

der in diesem Jahre Wigershope gefolgt war, confiscirte Schiff und Ladung, nahm die beiden Schuldigen gefangen, setzte sie aber nach kurzer Haft wieder auf freien Fuß. Die Sache war damit nicht abgethan, denn der groningische Rath nahm nun Parthei für die beiden Kaufleute und forderte die Rückgabe der confiscirten Güter. Zugleich stellte er ein weiteres Verlangen. Die Hamburger hatten vor Kurzem in einem Gefecht gegen friesische Häuptlinge ein Geschütz erobert, von dem groningische Bürger behaupteten, es gehöre ihnen. Der Rath machte auch diese Sache zu der seinen und forderte Rückerstattung. Eine erbitterte Korrespondenz folgte, und bald schien ein offener Krieg wieder einmal unvermeidlich. Allein die Furcht vor dem gemeinsamen Feind, den Holländern, zwang beide Partheien, einzulenken: wiederum gelang es Edzard, im Februar 1439 einen Stillstand bis zum Juli zu vermitteln, der zur Ausgleichung der obwaltenden Streitigkeiten benutzt werden sollte; doch wurde schon jetzt die gefangene hamburgische Besatzung freigelassen und das Stapelrecht in Emden von Groningen anerkannt.

Alle diese kleinlichen Zwistigkeiten, die gegenseitigen Kränkungen, das Haschen nach Streitanlässen, die fruchtlosen Verhandlungen, die schnellgebrochenen Verträge lehren deutlich, ein wie tiefer Gegensatz in Wahrheit bestand. Die Hamburger mußten sich darüber klar sein, daß sie Emden nur in fortwährendem Kampfe gegen Groningen würden behaupten können. Endlose Schwierigkeiten standen nach dieser Seite hin bevor, und es war ein dringendes Erforderniß, stets auf der Hut und kampfbereit gegen die Nachbarstadt zu sein.

Es hätte noch hingehen mögen, wenn dies die einzige Schwierigkeit nach außen gewesen wäre. Allein, wie die Groninger, glaubten sich noch Andere durch Hamburgs Besitzergreifung

---

keine Namen belegt. Den Namen Fetel vermag ich auch sonst nicht nachzuweisen; ich vermuthe daher, daß Nicolaus Rethel gemeint ist, der 1440 bei K. K. R II vorkommt: 29 ₰ domino Nicolao Rethel versus Koldinghe etc.

von Emden in ihren Interessen schwer geschädigt, zunächst der
Bischof von Münster.

Wir berührten schon früher, daß Emden in kirchlicher
Beziehung zur münsterschen Diöcese gehörte, und daß hier
Hisko, dann sein Sohn Imel die Stellung eines Propstes bekleidete. Bischof Heinrich von Münster nun, der uns schon
wiederholt als Gönner Focko und seiner Bundesgenossen be-
gegnet ist, fühlte sich durch die Gefangennahme Imels, seines
und seines Stiftes „geschworenen und geschuldeten Mannes
und Propstes"[1]) in seinen Rechten bitter gekränkt; die Einnahme Embens empfand er als einen Eingriff in seine Herr-
lichkeit, und nicht undeutlich gab er zu verstehen, daß er die
Stadt als sein Eigenthum betrachte. Der letztere Anspruch
war jedesfalls rechtlich unbegründet, und die Hamburger wiesen
ihn von vorn herein gebührend zurück. „Sie wüßten nicht,"
schrieben sie 1434 an Dietrich von Köln, der im Auftrage
des Bischofs, seines Bruders, Freilassung Imels und Rückgabe
Embens verlangt hatte, „sie wüßten nicht, daß Heinrich irgend
ein Eigenthum in Emden habe, außer der Abgabe, die der
Propst beim Antritt seines Amtes entrichten müsse; diese aber
gedächten sie keineswegs anzutasten." Auf den Vorwurf der
Gefangennahme Imels eingehend äußerten sie, sie hätten es
von Seiner Gnaden nicht erwartet, daß sie solch übelthätige
Leute, wie Imel, Focko und Sibet in ihren Schutz nähme,
während doch von Rechts wegen Herrn, Fürsten, Ritter,
Knechte und Städte sie gleicherweise verfolgen sollten. Die
Kaufleute hätten durch diese Männer den größten Schaden
erfahren; ihm zu steuern hätten sie Imel bestraft. Uebrigens
habe derselbe, setzten sie hinzu, Emden schließlich freiwillig in
ihre Verwahrung übergeben, bis man sich mit ihm wegen
seiner Uebelthaten gänzlich auseinandergesetzt haben würde:
vier Schiedsleute seien zu diesem Zweck von jeder Seite er-
nannt[2]). In wie weit die letzteren Behauptungen auf Wahr-

---

[1]) R. H. R. II, 259.
[2]) R. H. R. I, 277.

heit beruhten und nicht nur zur Beschwichtigung dienen sollten, muß dahingestellt bleiben; die ernste Absicht, den unglücklichen Imel freizulassen, hat wol kaum jemals bestanden.

Der Erzbischof und sein Bruder beruhigten sich bei der Antwort der Hamburger nicht. Sie wandten sich nun an die gemeinen Städte und forderten diese auf, die Bundesstadt zur Freilassung Imels und zur Rechtfertigung auf einem Tage zu vermögen[1]). Die Erwiderung der zu Lübeck versammelten Städte lautete, die Hamburger Boten wollten die Sache ihrem Rathe vorlegen und wären überzeugt, daß dieser bei genügender Sicherheitsbürgschaft auf die Berufung eines Tages gern ein= gehen werde[2]). Die Nachrichten über die Verhandlungen der folgenden zwei Jahre fehlen uns, nur so viel wissen wir, daß dieselben nicht abgebrochen wurden[3]), und schließlich im Sommer 1436 zu einem Tage in Oldenburg führten[4]). Hier wurde zunächst ein Stillstand auf Grund der augenblicklichen Ver= hältnisse bis zum 29. September beschlossen; dann aber be= antragten die Hamburger, die wol von einer Verschleppung der ganzen Angelegenheit Gewinn erhofften, eine Verlängerung des Bestandes bis zum September des nächsten Jahres[5]). Darin aber erblickte Heinrich von Münster mit Recht uur eine Vertagung des Streites; er genehmigte die Verlängerung nicht, ließ seine Gegner jedoch wissen, daß er zum Vergleiche immer noch gern bereit sei, wenn sie ihm auf einem Tage die schul= dige Genugthuung leisten wollten[6]).

Den Hamburgern lag Alles daran, den Streit nicht in offenen Kampf ausarten zu lassen, sondern thunlichst hinzu= ziehen. Sie griffen die Sache jetzt von einer anderen Seite

---

[1]) R. H. R. I, 335.
[2]) Daf. 336.
[3]) Die K. R. 1435 haben unter Cursoribus die Eintragungen: Item 32 β Arnd Schur ad dominum Episcopum Monasteriensem. Item 1 tal. nuntio domini Episcopi Monasteriensis.
[4]) R. H. R. I, p. 532.
[5]) Daf. 598.
[6]) Daf. 599.

an und stellten sie als alle Hansestädte betreffend dar. Erst
wenn sie den Fall auf einem allgemeinen Hansetag vorgebracht
hätten, so schrieben sie an den Bischof, würden sie auf seine
Forderungen antworten können, bis dahin müßten sie um einen
freundlichen Bestand bitten[1]).

Dieser Hinweis auf das gemeinhansische Interesse an der
Sache Imels sollte die ärgerlichsten. Verwicklungen bringen.
Der Bischof glaubte dadurch ein Mittel gefunden zu haben,
das ihn zu seinem Ziele führen würde. Das kam folgender=
maßen.

Bei den langen Verhandlungen, die vom November 1436
bis zum Juli 1437 in England stattfanden, waren die preu=
ßischen Städte durch den Danziger Bürgermeister Heinrich
Vorrath vertreten. Dieser nahm nach dem Abschlusse der
Verhandlungen den Rückweg über Flandern und dann weiterhin
durch das münstersche Gebiet. Hier nun wurde er plötzlich
auf Befehl des Bischofs angehalten und mit einigen Gefährten
gefangen genommen, angeblich wegen einiger kleinen Privat=
differenzen zwischen Danzig und Münster, in Wahrheit, wie
bald offenkundig wurde, da der Bischof durch diesen plumpen
Gewaltakt die Freilassung Imels zu erzwingen hoffte[2]). Ob
sich auch die Preußen dagegen verwahrten, daß die Einnahme
Embens und die Gefangennahme Imels sie irgend etwas an=
ginge, ob auch die wendischen Städte und sogar der Erzbischof
von Bremen sich sofort für Vorrath verwandten[3]): es half
nichts, Heinrich beharrte auf seinem Plan und forderte gegen die
Entlassung Vorraths von Hamburg und Lübeck Genugthuung
für Emden und Imel, und die Untersiegelung einer dem=
entsprechenden Urkunde[4].) Daß Lübeck und Hamburg sich darauf
nicht einlassen konnten, liegt auf der Hand. Der Lübecker Rath
schrieb denn auch in diesem Sinne an Danzig: die Gefangen=

[1]) R. II. R. I, 600.
[2]) Daf. II 154, 157.
[3]) Daf. 154.
[4]) Daf. 153.

nahme Vorraths thäte ihnen herzlich leid, aber zur Unter=
fiegelung jener Urkunde hätten sie sich deshalb nicht entschließen
können; käme Emden wieder in den Besitz Imels, so werde
es ein Verderb für die Städte und den Kaufmann sein[1]).
Dagegen erklärte der Rath sich bereit, mit dem Bischof einen
Tag zu halten, und drang in der folgenden Zeit ernstlich auf
eine Zusammenkunft mit ihm an der Grenze[2]). Zugleich be=
schlossen die wendischen Städte, Gleiches mit Gleichem zu ver=
gelten, und nun auch ihrerseits gewaltsam gegen die Leute des
Bischofs, deren sie habhaft werden konnten, vorzugehen. Durch
diesen Beschluß wurden die westfälischen Städte betroffen, die
bald seine Folgen empfindlich merkten. Auch sie gesellten sich
jetzt der Opposition gegen den Bischof, ihren Herrn, zu und
forderten die Freilassung Vorraths[3]).

Von Danzig aus hatte man inzwischen den Bruder des
Gefangenen, Hans Vorrath, ausgesandt, um zu Gunsten des
Bruders zu wirken. Er benutzte seine Sendung, den Eifer der
wendischen Städte wach zu halten[4]).

So wurde der Bischof von allen Seiten zum Nachgeben
gedrängt. Hauptsächlich fielen die Vorstellungen seiner Unter=
gebenen, der westfälischen Städte, ins Gewicht. Im Januar
1438 ließ er sich zu Verhandlungen mit ihnen bereit finden,
und willigte dann in die Freilassung Vorraths. Freilich
mußte dieser eidlich geloben, in die Gefangenschaft zurückkehren
zu wollen, falls es ihm nicht gelänge, die wendischen Städte
bis zum 25. Juli zu einer Zusammenkunft mit dem Bischofe
zu veranlassen[5]).

Der Erzbischof von Bremen übernahm es jetzt, den Ver=
mittler zu spielen. Er beraumte wiederholt eine Tagfahrt an.
Die Städte erschienen, nicht aber der Bischof von Münster.

---

[1]) R. H. R. I, p. 158.
[2]) Das. 162.
[3]) Das. 163.
[4]) Das. 162 ff.
[5]) Das. 171.

Heinrich Vorrath hielt seinen Auftrag dadurch für erledigt:
nicht an ihm und den Städten, sondern allein an dem Bischof
hatte es ja gelegen, daß eine Versammlung nicht zu Stande
gekommen war. Er forderte, von dem Hochmeister von Preußen
darin unterstützt, den Bischof auf, ihn seines Eides zu entbinden[1]).
Aber dieser war weit entfernt, darauf einzugehen. Er blieb
auch jetzt dabei, daß er Vorrath nur gegen Freigebung Imels
lebig sprechen könne. In einem Briefe an Danzig und den
Hochmeister zählte er noch einmal alle seine Klagen auf, brachte
er noch einmal vor, daß Hamburg und Lübeck im Auftrage
des gemeinen Kaufmanns gehandelt und die Seinen daher mit
Recht Vorrath, den Boten der gemeinen Städte, als Ersatz fest=
gehalten hätten[2]). Treffend hob der Hochmeister dem gegenüber
in seiner Antwort hervor, daß die preußischen Städte mit der
Einnahme Embens genau soviel zu schaffen hätten, als Münster,
das ja auch eine Hansestadt sei; übrigens habe Vorrath seine
Reise nach England als Bote der preußischen, nicht der ge=
meinen Städte, unternommen[3]).

Hamburg und Lübeck faßten darauf noch einmal eine Zu=
sammenkunft zu Wildeshausen ins Auge, und beauftragten Vor=
rath, der sich damals vielleicht in Bremen aufhielt[4]), den
Bischof zu derselben zu bewegen[5]). Ob sie zu Stande gekommen
ist, wissen wir nicht; Erfolg hat sie, wie eine spätere[6]), jeden=
falls nicht gehabt. Der Bischof aber machte die unangenehme
Erfahrung, daß Vorrath nicht in die Gefangenschaft zurück=
kehrte[7]).

Mußte Heinrich von Münster diesen Versuch, der unend=
lich viel Staub aufgewirbelt hatte, am Anfange des Jahres
1439 als gescheitert betrachten, so war doch dadurch der Streit

---

1) R. H. R. I, p. 192.
2) Daf. 259.
3) Daf. 261.
4) Daf. 257.
5) Daf. 246 u. Frießl. I, 498.
6) R. H. R. II, 296.
7) Daf.

mit Nichten aus der Welt geschafft, und wenn Hamburg in demselben bisher einen wirklichen Nachtheil auch nicht erfahren hatte, so mußte es das Verhältniß zu dem Bischof doch all= gemach als äußerst drückend empfinden. Das Drückende lag hauptsächlich darin, daß es unabsehbar war, wann und wie die Sache ein Ende nehmen werde. Als wirklich große Gefahr aber kam hinzu, daß die Interessen Heinrichs von Münster in Friesland bis zu einem gewissen Grade zusammenfielen mit denen eines anderen, bedeutenderen Gegners der Hamburger, des Grafen von Holland, der ähnliche Forderungen wie jener stellte.

Als Graf von Holland war auf Johann und Jakobäa von Baiern Herzog Philipp der Gute von Burgund gefolgt[1]), ein Herrscher, der sein ganzes Streben darauf richtete, seine Länder zu einer in sich abgeschlossenen Einheit, seine Regierungs= gewalt zum unbedingten Mittelpunkt dieser Einheit zu machen. Es paßte außerordentlich gut in seine Pläne hinein, daß er bei seinem Regierungsantritt in Holland die dortigen Städte in erbittertem Kampf mit den wendischen fand. Die mächtig auf= blühenden holländischen Städte wollten die Beschränkungen, die ihnen durch die Ostseestädte auferlegt wurden, nicht mehr er= tragen; mit dem Ausbruch der offenen Fehde hatte der Proceß ihrer gänzlichen Loslösung von dem Hansebunde begonnen. Philipp erblickte mit Freuden diese beginnende Absonderung, und nahm sich der Sache seines neuen Landes sofort an[2]). Er unterstützte die feindlichen Bestrebungen nach Kräften, und in erschreckendem Maße nahm dadurch die Gefahr für die hansischen Schiffe zu. Auch als Philipp sich durch anderweitige Aufgaben im Jahre 1435 zu einem Waffenstillstand veranlaßt sah[3]), wurde dadurch nur der offene Kampf zum Stehen gebracht, keineswegs der Fortgang des Privatkrieges und der gegenseitigen Kaperei verhindert.

---

[1]) Vgl. darüber Wenzelburger I, p. 275 ff.
[2]) R. H. R. I, p. XI ff.
[3]) Das. 399.

In diefe hanfifch=holländifche Fehde wurden nun auch die friefifchen Verhältniffe hineingezogen.

Wir erwähnten fchon kurz, daß in den Wirren des Jahres 1433 eine Anzahl friefifcher Häuptlinge vor den Hamburgern hatte die Flucht ergreifen müffen, wir fahen, daß ihre Burgen fpäter hamburgifchen und friefifchen Truppen zum Opfer gefallen waren. Die namhafteften diefer Vertriebenen waren Jmel von Ofterhufen und feine Söhne Ailt und Folkmar, Friedrich von Larrelt und fein Bruder Haro, Nebert Beningha von Grothufen. Sie hatten fich anfangs in Weftfalen gefammelt und beim Bifchof von Münfter Aufnahme gefunden; vergebens aber hatten fie diefen zu einem wirkfamen Eintreten für ihre Sache zu drängen gefucht[1]), er fcheute, wie fich ja auch in der Angelegenheit Jmels von Emden zeigte, durchaus den offenen Kampf. Nach diefer fehl=gefchlagenen Hoffnung fchien den Flüchtigen nun der Krieg der Holländer gegen die wendifchen Städte eine willkommene Ge=legenheit, ihre Zwecke zu erreichen[2]). Sie wandten fich nach Holland, und baten Philipp, fie gegen ihre Räuber, die Ham=burger, zu unterftützen.

Philipp beeilte fich nun allerdings nicht eben fehr, ihren Wünfchen nachzukommen, aber er wies fie doch keineswegs ab. Einmal wird ihm die Ausficht, den Hamburgern von einer ganz neuen Seite her Schaden zufügen zu können, nicht unan=genehm gewefen fein, und dann — bot fich ihm nicht die Ge=legenheit, den von feinen Vorgängern fo oft prätendirten Ein=fluß in Oftfriesland neu zu beleben? So gewährte er den Hülfe=fuchenden zunächft in Holland ein Afyl[3]), bis er Zeit habe, für fie etwas zu thun, denn gar bald wurden feine Kräfte durch den offenen Krieg, der im Frühjahr 1438 wieder ausbrach, in Anfpruch genommen[4]). Den ganzen Sommer hindurch wurde

[1]) Emm. p. 339.
[2]) Daf. p. 343. Ben. p. 301.
[3]) Jmel ift urkundlich zuerft am 24. September 1437 im Haag nach=zuweifen. (Friedl. I, 475).
[4]) R. H. R. II, 198 ff.

heftig gekämpft. Erst dann, nachdem ein neuer Stillstand ver=
abredet war[1]), fand Philipp Muße, für seine Schutzbefohlenen
einzutreten. Am 24. September nahm er Imel und seine Freunde
officiell als seine Diener und Unterthanen in seinen Schutz,
und versprach ihnen Hülfe gegen die Hamburger und ihre
Bundesgenossen[2]). Zugleich forderte er alle holländischen und
friesischen Unterthanen auf, den Flüchtigen zur Wiedererlangung
ihres Eigenthums und zur Vertreibung der Hamburger aus
Ostfriesland behülflich zu sein[3]).

Es sammelte sich rasch eine Flotte um die Häuptlinge, und
mit dieser steuerten sie im Oktober auf Friesland los. Glück=
lich gelang es ihnen, in die Ems einzufahren, bei Nacht den
Hafen von Larrelt zu besetzen und sich des Dorfes zu bemächtigen[4]).
Aber kaum hatte der hamburgische Amtmann Rethel von diesem
Ueberfall gehört, als er unverzüglich seine Truppen zusammen=
zog und, unterstützt von Soldaten Edzards, sich auf die Feinde
stürzte. Trotz ihres kräftigen Widerstandes wurden diese be=
siegt: eine große Anzahl fand den Tod, viele wurden gefangen,
die Schiffe von den Siegern erbeutet. Unter den Gefangenen
befanden sich Imel, Friedrich nnd Redert.

Von holländischer Seite geschah nichts Ernstliches, um diese
Scharte auszuwetzen und die Gefangenen zu befreien. Zunächst
mag der Winter jedes neue Unternehmen verhindert haben, aber
auch im Frühjahr 1439 begnügte man sich, von Holland aus
einen Brief an den Hamburger Rath zu senden und die Frei=
lassung sowie die Restitution der Schützlinge zu fordern, widrigen=
falls man, wenn auch ungern, zu anderen Maßregeln greifen
müsse[5]). Dabei blieb es. Wie hätte man auch dieser an sich
doch unwesentlichen Angelegenheit seine Aufmerksamkeit schenken
können in einem Augenblick, in dem der Krieg mit der Hanse

---

[1]) R. H. R. II, 248.
[2]) Friedl. I, 501.
[3]) R. H. R II, 253.
[4]) Emm. p. 343.
[5]) Friedl. I, 507.

einen bedeutend erweiterten Umfang anzunehmen schien? Denn eben jetzt, im Sommer 1439, mischte sich eine dritte Macht in ihn ein: Dänemark.

Die Partheinahme Hollands für Dänemark in dem Krieg der Hansestädte mit König Erich war einst der Anlaß zu dem Ausbruche der hansisch-holländischen Fehde geworden[1]). Jetzt hatte sich das Blatt gewendet. Erich war durch eine Revolution vertrieben worden, und der Reichsrath, der zunächst an seine Stelle trat und dann Herzog Christoph von Baiern zum Könige wählte, sah in dem festen Anschluß an die wendischen Städte seinen größten Vortheil. Dadurch aber wurde Dänemark mit in den Krieg gegen Holland hineingezogen, während andrerseits der vertriebene König Erich und sein Anhang in Philipp eine Stütze zu finden hofften[2]). Auf diese Weise wurde der Charakter des Krieges immer ernsthafter.

Machen wir hier einen Augenblick Halt und überdenken die auswärtigen Beziehungen Hamburgs, wie sie sich im Sommer 1439 gestaltet hatten, so bietet sich ein wenig erfreuliches Bild. Mit Groningen hatte man nach langen Kämpfen einen Waffenstillstand erreicht, der ohne jede Gewähr für die Zukunft war, mit dem Bischof von Münster stand man auf äußerst gespanntem Fuße, mit Holland aber lebte man in offenem Krieg. Die Frage mußte sich erheben, ob Hamburg allen diesen Schwierigkeiten zum Trotz die nöthige Kraft haben würde, seine Stellung in Friesland zu behaupten.

IV. Kapitel.
Abtretung Emdens. Edzards Ende und die Anfänge der Herrschaft Ulrichs.

Am 26. Juni 1439 vereinigten sich die wendischen Städte und der dänische Reichsrath zu dem Vertrage, der dem holländischen Kriege eine erneute Heftigkeit verhieß: einen Monat

---

[1]) R. H. R. I, p. XI.
[2]) Das. II, p. VI.

später war Hamburg entschlossen, sich aus Emden zurück=
zuziehen.

Unser friesischer Chronist Emmius hat den Grund dafür
in jenem Briefe gefunden, den die Holländer nach der Gefangen=
nahme Imels und seiner Genossen an die Hamburger geschrieben
haben[1]). Diese seien, meint er, durch die drohenden Worte
die der Brief enthielt, so erschreckt worden, und hätten die
Rache Philipps so sehr gefürchtet, daß sie es für das Beste
hielten, Emden an Edzard abzutreten, um dann sagen zu
können, Friesland gehe sie gar nichts mehr an. Ganz ab=
gesehen davon, daß der Brief etwa vier Monate vor der Auf=
gabe Emdens geschrieben ist, also schwerlich die direkte Ursache
sein konnte, ist es ganz undenkbar, daß die Hamburger durch
ein einziges Schreiben, das garnicht einmal heftig abgefaßt
war, sich hätten bestimmen lassen, sogleich die Flinte ins Korn
zu werfen und wegzulaufen. Es können nicht so rein äußer=
liche, es müssen tiefere Gründe zu dem Entschlusse geführt haben.

Nur dann wird man das Verhalten Hamburgs verstehen
können, wenn man einen Blick auf seine Gesammtlage wirft,
wenn man die Verhältnisse, wie wir sie im vorigen Kapitel
zu schildern suchten, zusammenhält mit den finanziellen Lasten,
die der Stadt aus ihren friesischen Unternehmungen erwuchsen.
Denn auf den finanziellen Punkt kam doch in letzter Instanz
Alles an: Hamburg durfte seine Stellung in Friesland so
lange aufrecht erhalten, als es sicher war, daß die Ausgaben,
die dieselbe erheischte, seine Kräfte nicht übersteigen würden.

Der 1435 in Hamburg eingesetzte Pfundzoll wurde im
Jahre 1438 aufgehoben[2]). Die Kosten, die man aufgewandt
hatte, waren aber damals noch keineswegs gedeckt. Das
Pfundgeld hatte im Ganzen 4589 ⅄ 2 β[3]) eingebracht,

---

[1]) Emm. p. 346.
[2]) Man wird darin Koppmann (Mittheil. d. V. f. hamb. Gesch. VI, 72)
zustimmen müssen, obschon ursprünglich bestimmt war, er solle zugleich mit
dem Brügger Pfundzoll abgestellt werden; dieser aber wurde bis 1440 er=
hoben. (R. H. R. II, 329 § 4, 439 § 50).
[3]) Koppmann a. a. O.

und wenn man dazu rechnet, daß Hamburg von den 7500 ₰, die es aus dem brüggischen Zoll erhalten sollte, 1438 vielleicht 5000[1]) empfangen hatte, so kommt man auf 9589 ₰ 2 β, d. h. noch nicht einmal auf die Höhe der Summe, die die Stadtkasse 1433—35 ausgegeben hatte (10955 ₰ 13 β 9 ₰). Wie hoch sich die Auslagen dann noch in den nächsten drei Jahren bis zum Schlusse 1438 belaufen hatten, wissen wir nicht[2]); schwerlich haben sie erheblich abgenommen.

Es ist danach klar, daß im Anfange des Jahres 1439 Hamburg sich in Bezug auf Friesland finanziell noch sehr im Rückstande befand. Und nun war es damals in jener wenig erfreulichen politischen Lage, die eine weitere Steigerung der Auslagen verhieß. Man mußte in Friesland jeden Augenblick für den Ausbruch eines ernsten Krieges mit Groningen gerüstet sein, man mußte sich darauf gefaßt machen, daß Heinrich von Münster, daß die Holländer irgend etwas zu Gunsten ihrer Schützlinge unternehmen würden, und wie gar, wenn die beiden Letzteren, was doch nicht ausgeschlossen schien, gemeinsame Sache machten? Unendliche Kosten und Anstrengungen würden alle diese Kämpfe verursacht haben. Vor Allem aber kam dann doch der Ausbruch des großen holländischen Krieges in Betracht, der so gewaltige Dimensionen anzunehmen schien und einen bedeutenden Aufwand der einzelnen Städte erforderte.

Faßt man alle diese Momente ins Auge, so wird man verstehen, wie Hamburg, das in eine unsichere Zukunft blickte, dazu kommen konnte, ja mußte, Emden im Jahre 1439 aufzugeben. Den letzten Anstoß dazu wird unzweifelhaft der Ausbruch des holländischen Krieges gegeben haben, und insofern hat Emmius Recht, daß er den Rückzug der Hamburger mit den Holländern in Verbindung bringt. Die kolossalen finan-

---

[1]) Angegeben nach der jährlichen Durchschnittssumme der 1000 ℔ (à 7½ ₰) aus dem 6 Jahre erhobenen Brügger Pfundzoll.
[2]) Nur zum Jahre 1436 kennen wir eine diesbezügliche Notiz. K. K. R. II, 1436: Ad diversas reysas dominorum et soldatorum versus Emeden 1168 ℔ 16 β 2 ₰.

ziellen Lasten, die von diesem Krieg zu erwarten waren, zwangen,
eine Stellung zu verlassen, die ebenfalls nur unter den größten
Opfern behauptet werden konnte.

Am 28. Juli übertrug der Rath von Hamburg an Edzard und seinen Bruder Ulrich Stadt und Schloß Emden nebst
Allem, was dazu gehörte, auf Schloßglauben, unter der Be-
dingung, daß sie Alles gut verwahren, und auf Verlangen
jederzeit zurückgeben sollten[1]). Man sieht, Hamburg war keineswegs gewillt, auf seine Stellung in Ostfriesland überhaupt zu
verzichten; es gehorchte nur dem Zwange der augenblicklichen
Lage, und behielt sich ein jederzeitiges Eintreten in seine volle
Herrscherstellung vor. Es suchte sich sogar trotz der Aufgabe
seiner Besitzungen auch ferner einen Stützpunkt zu erhalten,
von dem aus es stets in die friesischen Verhältnisse eingreifen
konnte: Leerort nämlich wurde nicht mit abgetreten, sondern
behielt seine hamburgische Besatzung. Wie man aber das
Verhältniß zu Edzard und Ulrich auffaßte, zeigt ein späterer
Brief, in dem Ulrich von Hamburg als sein Amtmann in
Emden bezeichnet wird[2]). Edzard betrachtete seine Stellung
nun allerdings nicht als eine so abhängige; er führte vielmehr
von nun an auch den Titel eines Häuptlings von Emden und
deutete damit den neuen Zuwachs, den seine Macht erfahren, an.

Das Haus Cirksena nahm überhaupt fortwährend an
Bedeutung zu, und rückte immer mehr in die Stellung ein,
die einst Keno tom Brok in Friesland eingenommen hatte.
Die Gemeinden, die eine zeitlang eine so bedeutende Rolle
spielten und auf deren Bund zum guten Theil die Macht der
Cirksenas beruhte, sehen wir jetzt allmälig wieder ganz hinter
ihren Führer zurücktreten: willig erkannten sie die Häuptlings-
schaft eines Mannes, wie Edzard, an. Wie sich das Norderland, nachdem es sich von seiner Herrin abgewandt, unter den
Schutz des mächtigen Häuptlings begab, wurde schon erwähnt;

---

[1]) Friedl. I, 509.
[2]) Das. 637.

ebenso machte es im Jahre 1438 das Auricherland, das sich
nach dem Sturze Fockos zunächst als selbständige Gemeinde
behauptet hatte: es wählte zu seinen Obersten Edzard, Ulrich
und Wibet von Esens[1]). Der Letztere war ein warmer Freund
der Cirksenas und hatte ihnen bei allen ihren Thaten treu zur
Seite gestanden[2]). Diese Verbindung wurde noch enger, als
nun im Jahre 1439 Ulrich, der immer mehr neben seinem
Bruder hervortritt, die Tochter Wibets, Foelke, heirathete[3]).
Dieselbe war bereits einmal vermählt gewesen und hatte von
ihrem Vater zu der ersten Ehe Stebesdorp erhalten, ein Gut,
das sie nun ihrem zweiten Gemahl mitbrachte. Und damit
nicht genug, entschloß sich im folgenden Jahre Wibet, der ein
alter Mann war und sich, wie es scheint, mit Klostergedanken
trug, Esens und alle übrigen Besitzungen dem neuen Schwieger=
sohn zu übergeben mit dem Zusatze, daß, selbst wenn Foelke
kinderlos sterben würde, Ulrich doch Alles behalten sollte[4]).

Mit dieser Uebertragung faßten die Cirksenas auch im
Harlingerland festen Fuß. Das Glück hatte sich ihrer Tüchtig=
keit zugesellt, und sie waren so zu einer ungemein ansehn=
lichen Stellung in Friesland gelangt, die um so mehr bedeutete,
als sie nicht durch rücksichtslose Willkür geschaffen, sondern zum
großen Theil aus dem wahren Bedürfniß des Volkes hervor=
gewachsen war. Das gab ihr eine zwar nicht unbedingte,
aber doch größere Sicherheit, als die Vorgänger der Cirksenas
gekannt hatten. Auch in Emden bürgerte sich das Regiment
Edzards rasch ein. Wohlwollend, wie es seine Art war, kam
er den Wünschen der Ember entgegen, und trug Sorge, alle
Bedürfnisse zu befriedigen; namentlich ließ er sich eine billige
und rasche Handhabung des Rechts angelegen sein[5]). Die

---

[1]) Friedl. I, 493.
[2]) Das. 385, 491.
[3]) Ben. p. 306. Emm. p. 348.
[4]) Friedl. I, 513, 514. — Auf Klostergedanken deuten die Worte:
ofte wen ick my in een cloester gheven wolde.
[5]) Emm. p. 349.

Bestrebungen der Hamburger, Handel und Verkehr in Emden
zu heben, nahm er auf und dehnte sie auch auf seine übrigen
Besitzungen aus. Uns ist eine Urkunde vom Jahre 1440 erhalten[1]), in der er den Städten Nymwegen, Arnheim, Zütphen,
nachdem ihnen wegen ihrer Feindschaft mit Groningen die
Märkte dieser Stadt verschlossen seien, das Recht giebt, an
jedem dritten Montag in Emden, Norden, Esens und Aurich
Markt abzuhalten.

In dieser Bestimmung offenbart sich allerdings eine gewisse Rivalität mit Groningen, aber äußerlich lebte man doch
jetzt mit dieser Stadt durchaus im Frieden. Edzard hatte es,
nachdem ihm Emden übergeben worden war, seine erste Sorge
sein lassen, nach dieser Seite hin versöhnlich zu wirken, und
es war ihm nach mancherlei vergeblichen Anstrengungen in der
That gelungen, im December 1439 für sich und seinen Verwandten Eppo einen Frieden abzuschließen[2]).

So glatt und friedlich, wie in der letzten Zeit, sollten
sich aber nun doch die Dinge in Friesland nicht weiter ent-
wickeln. Es drohte den Cirksenas und der Consolidirung ihrer
Macht eine Gefahr, und diese kam vom Osten her. Hier,
in den ehemaligen Ländern Sibets, waren die Verhältnisse
nach dem Tode dieses mächtigen Häuptlings sehr schwankend
geworden. Die Hamburger hatten, nachdem sie den Zusammen-
bruch der Macht Sibets erreicht, sich nicht viel um diese Gegenden bekümmern können, die nun einen Spielraum für die
verschiedensten Interessen darboten. Ueberall erhoben sich bisher
unbedeutende, kleine Häuptlinge und suchten einen größeren
oder geringeren Theil der Herrschaft an sich zu reißen, so in
Wangern und zu Jever Hayo Harldes, ein Halbbruder Sibets,
so in Harlingen und Ostringen die Kankenas. Zum Ueberfluß
hielt nun auch Dietrich, Graf von Oldenburg, die Gelegenheit
für günstig, sich in Friesland festzusetzen: er unterwarf seiner

---

1) Friebl. II, 1784.
2) Emm. p. 847.

Herrschaaft mehrere Gebiete im Oftringerland, wie die Kirch=
spiele Marx, Wiesede, Etzel und Horften[1]).

Für Edzard und seinen Bruder waren diese Zustände des
Oftens nichts weniger als erfreulich. Zunächft mußten sie die
Erstarkung eines fremden Fürsten mitten in Friesland für sehr
bedrohlich halten, zumal sich ihm erft die Kankenas, dann auch
Hayo Harlbes verbanden[2]). Stand es nicht zu befürchten, daß
der olbenburgische Einfluß sich immer weiter nach Weften aus=
breiten und der Macht der Cirkfenas ernftlich unbequem werden
würde? Von großer Bedeutung war es daher, daß das an
Oftringen grenzende Auricherland, wie wir sahen, im Jahre
1438 sich in den Schutz der Brüder begab und so etwaigen
Gelüften der Olbenburger entzogen wurde[3]). Und einige Jahre
darauf hatten sie noch einen weiteren Erfolg gegenüber dem
Grafen zu verzeichnen. Im Jahre 1440 nämlich räumte Sird,
der Befehlshaber und Häuptling der Friedeburg in Oftringen,
diese den Brüdern Edzard und Ulrich als offenes Schloß ein[4]).
Dieses Zugeftändniß war deshalb von Wichtigkeit, weil die
Friedeburg jene Gegenden, in denen Dietrich festen Fuß gefaßt
hatte, durchaus beherrschte und vermuthlich längft von diesem
als Besitz gewünscht wurde. Statt dessen ward nun dort den
beiden mächtigen Häuptlingen ein Einfluß zugestanden, dem
gegenüber er vorläufig nichts zu unternehmen wagte.

Waren Edzard und Ulrich nach dieser Seite hin glücklich
einer Kriegsgefahr ausgewichen, so sollten sie mit den neuen
Häuptlingsgewalten des Oftens bald in einen schweren Konflikt
gerathen. Durch die Erbschaft vom alten Wibet waren sie im
Harlingerland Nachbaren der Kankenas geworden. Diese, die
ihren Hauptsitz zu Witmund hatten, waren aber sehr gefährliche
Nebenbuhler, die die Macht der Cirkfenas neideten und sie zu

---

[1]) Friedl. I, 447, 48, 52, 53.
[2]) Daf. 482, 488.
[3]) Darauf hat Bippen p. 60 aufmerksam gemacht.
[4]) Friedl. I, 519.

verberben trachteten[1]). Zu biesem Zwecke suchten sie einen
Bund gegen die Brüber zu Stanbe zu bringen, und bies ge=
lang ihnen: sie verbanden sich mit ihren Nachbaren, insbesonbere
mit Hayo Harlbes. Die Freundschaft bes Letzteren war nicht
nur wegen seiner persönlich angesehenen Stellung von Werth,
sonbern auch beshalb, weil er an Bremen, mit bessen Erzbischof
er 1438 einen Vertrag geschlossen[2]), einen Rückhalt hatte.

So sahen sich Ebzarb unb Ulrich hier einer wirklich ge=
fährlichen Gegnerschaft gegenüber, und es blieb ihnen kein
anberer Ausweg, als bieselbe mit ben Waffen in der Hanb
nieberzuwerfen, ehe es zu spät sein würbe. Im Jahre 1441
schritten sie zum Angriff, zunächst gegen die Kankenas in Har=
lingen. Ihnen gesellten sich auch hamburgische Truppen zu.
Denn die Hamburger, die ihm Jahre 1433 Sibet zwar ver=
nichtet, dann aber seine Länber keineswegs ihrem herrschenben
Einfluß hatten unterwerfen können, betrachteten sich noch immer
als im Kriegszustanbe mit biesen befinblich[3]); mußten sie boch
in ihren schwankenben unb ungeorbneten Verhältnissen noch
immer einen Vorschub für bas Seeräuberwesen erblicken! Unb
wie, wenn nun die unruhigen Häuptlinge etwa über Ebzarb
unb Ulrich triumphirten, wurbe nicht Alles, was sie hatten
herstellen helfen, wurbe nicht die Ruhe unb die Orbnung auch
in bem westlichen Theile Ostfrieslanbs in Frage gestellt? Gegen
Holland frei geworben, zögerten sie in biesem Jahre nicht,
wieber eine größere Summe für Frieslanb aufzuwenben[4]), um
die unstäten Elemente bes Ostens mit ben ihnen verbünbeten
Häuptlingen nieberzuwerfen.

Die Kankenas wurben von ben Truppen Hayos, unter benen
sich auch bremische Sölbner befanben[5]), kräftig unterstützt; sie

---

[1]) Emm. p. 350.
[2]) Friebl. I, 488.
[3]) Das geht aus Friebl. I, 533 hervor.
[4]) K. K. R. II, 1441. Ad expedicionem versus Emeden. 911 ℔
9 β 10 ♄.
[5]) Friebl. 1, 523.

erlitten aber nichtsbestoweniger bei Dornum eine entscheidende
Niederlage[1]) und verloren die dortige Burg. Das Haupt der
Familie, Tanno, und sein Bruder Hebbo wurden gefangen ge=
nommen und nach Hamburg gebracht; ein Sohn Tannos, Ineke,
scheint in der Schlacht gefallen zu sein[2]). Hayo blieb vor einem
ähnlichen Schicksal, wie es die Kankenas getroffen hatte, be=
wahrt, denn es gelang den Bremern, nach der Niederlage seiner
Bundesgenossen einen Frieden für ihn zu erwirken, in dem zu=
gleich die Einsetzung eines Schiedsgerichtes bestimmt wurde[3]).

Edzard sollte sich des Sieges nicht mehr lange erfreuen.
Noch vor seinem Vater, dem greisen Enno, der bis 1450 auf
seiner Stammburg Greetsyl lebte, wurde er durch einen früh=
zeitigen Tod dahingerafft. Er starb im Herbst 1441 an einer
Seuche, die in Friesland wüthete, einen Tag nach seiner Ge=
mahlin[4]). Sie hinterließen keine Kinder, und das war für
Friesland ein Glück, denn nun fiel der ganze Besitz des Hauses
ungetheilt an Ulrich, der an Tüchtigkeit und Einsicht dem Bruder
vollkommen ebenbürtig war.

Ohne große Schwierigkeit rückte Ulrich in die Stellung
Edzards ein. Zwar drohte im Anfang einen Augenblick eine
große Gefahr, aber sie wurde rasch überwunden. Noch einmal
nämlich erhob sich nach dem Tode Edzards Alles, was unter
seiner Herrschaft Einbuße erlitten hatte. Eine ganze Reihe un=
zufriedener und verdrängter Häuptlinge that sich zusammen und
schwor, einander beizustehen, daß ein jeder wieder zu seinem

---

[1]) Ben. p. 313; Emm. p. 350. — Beninga giebt als Ort der Schlacht
Witmund an, Emm. läßt unentschieden, ob Witmund oder Dornum. Man
wird sich für den letzteren Ort entscheiden müssen, denn 1) weist der mitten
im Krieg geschriebene Brief Ineke Tannens (Friedl. I, 524) auf diese Gegend:
Werdum und Esens, wo die Truppen sich sammeln sollen, liegen dicht bei
Dornum, während Witmund entfernt ist. 2) ist der Friede mit Hayo zu
Esens, also in unmittelbarer Nähe von Dornum geschlossen. (Friedl. I, 525, 526).
[2]) Er erscheint nach dem in der vorigen Anmerkung erwähnten Brief nicht
wieder. Friedländers Regest und Inhaltsverzeichniß schreiben Ino Kanken und
werfen ihn so mit seinem Onkel, dem Bruder Tannos, zusammen (vergl. Friedl. I,
331); er ist aber vielmehr Tannos Sohn: Inyke Tannen unterschreibt er sich.
[3]) Friedl. I. 525, 526.
[4]) Ben. p. 314. Emm. p. 351.

Eigenthum gelange[1]). Unter ihnen finden wir Brunger und Sibrand von Loquard, die ihre Ansprüche auf das Brokische Erbe ja nur gezwungen aufgegeben hatten, Imel von Oster=husen, Ailt Beningha, Friedrich von Larrelt und Redert Beningha, die inzwischen aus der Gefangenschaft der Hamburger losgekommen waren; andere schlossen sich an. Es wurde Ulrich nicht schwer, dieser Gegner Herr zu werden[2]). Imel, Ailt, Friedrich und Redert geriethen aufs Neue in die Gefangenschaft und wurden von Ulrich in Detern festgehalten; den Uebrigen mag es nicht besser gegangen sein. Lange dauerte aber ihre Gefangenschaft jedesfalls nicht, denn bereits im Januar 1442 waren sie wieder frei: sie mußten auf ihre Güter verzichten und Bürgen stellen, daß sie, falls Ulrich es fordere, in die Haft zurück=kehren würden. In Wahrheit freilich entsagten die Betreffenden ihren Ansprüchen keineswegs: sie werden uns noch wiederholt begegnen. Nur einer, Redert Beningha, zog es vor, im Herbst mit Ulrich und den Hamburgern einen endgültigen Frieden zu

---

[1]) Friedl. I. 531.

[2]) Ben. p. 316 erzählt, Imel sei, aus der Gefangenschaft entlassen, mit seinen Genossen nach Ostfriesland zurückgekehrt, dort aber von Neuem gefangen, damit nicht wieder ein Zwist wegen der Vertriebenen mit Philipp entstände. Die Holländer hätten aber zum 2. Mal nach Emden geschrieben, und die Gefangenen seien darauf freigelassen.

Der Kern dieser Erzählung ist unzweifelhaft richtig, nur sind die Einzel=heiten durchaus unklar. Daß Imel und Genossen in der That nach Ost=friesland zurückgekehrt sind, geht aus dem Bündniß, das sie mit den anderen friesischen Häuptlingen gegen Ulrich schließen, hervor. Eben dieses Bünd=niß wird dann der Grund zu der neuen Gefangennahme gewesen sein. Beningas Gründe sind hinfällig, denn 1) entging man durch die Gefangen=nahme dem Zwist mit Philipp ebensowenig, und 2) wenn man dies wirklich glaubte, so war es ja vollkommen sinnlos, sie vorher erst aus der Gefangen=schaft in Hamburg zu entlassen.

Ob dann die Holländer sich zum 2. Mal verwendet haben — wol mög=lich — muß dahingestellt bleiben. Jedesfalls werden die Gefangenen bald wieder freigelassen, wie der mit Friedrich von Larrelt geschlossene Vertrag (Friedl. I, 531) zeigt. Dieselben Erklärungen und Bürgschaften werden ver=muthlich auch von Imel rc. gegeben sein.

Auch der übrigen Häuptlinge, die an der Verschwörung theilgenommen, muß Ulrich rasch Herr geworden sein: sicher wissen wir das von Tido von Uplewards, für den sich am 22. Januar mehrere Häuptlinge verbürgen, daß er Alles, was er geschworen und gelobt, halten werde. (Friedl. I, 532.)

schließen: Grothusen erhielt er wol nicht zurück, sonst aber
rettete er sich durch das Versprechen der Treue sein Erbgut[1]).

So endete die Verschwörung gegen Ulrich rasch und kläglich.
Wie konnte es auch anders sein? Hatten doch die unzufriedenen
Häuptlinge nirgends das Volk hinter sich, denn zu starke Wurzeln
hatte bereits die Herrschaft der Cirksenas geschlagen! Freilich,
um dieselben unausrottbar in das friesische Gefüge einzulassen,
blieb doch noch Manches zu thun übrig. Drei schwierige Auf=
gaben insbesondere stellten sich Ulrich dar, an deren Lösung
er sich versuchen sollte. Er mußte erstens die Gefahren, die
aus den östlichen Ländern kommen konnten, für immer zu be=
seitigen streben und womöglich seine Herrschaft auch in diesen
Gegenden fest begründen; er mußte sich sodann mit den ver=
triebenen friesischen Häuptlingen, die, wie bald offenkundig
wurde, obwol eben bezwungen, sich doch keineswegs ruhig ver=
hielten, endgültig auseinandersetzen; er mußte schließlich suchen,
zu den Hamburgern ein klares Verhältniß zu gewinnen.

Was den letzten Punkt betrifft, so blieb vorläufig noch
Alles beim Alten. Ulrich, der Politik seines Bruders folgend,
hielt zunächst durchaus das gute Einvernehmen mit den Ham=
burgern aufrecht; er ist in dieser Zeit sogar einmal in Hamburg
gewesen und dort festlich bewirthet worden[2]). Was Ulrich da=
mals in Hamburg gewollt hat, wird uns nicht überliefert, aber
es liegt nahe, anzunehmen, daß er sich mit ihnen von Neuem
über die Verhältnisse der östlichen Länder bereden wollte, denn
ihnen wandte man sich im Jahre 1442 wiederum vereint zu.

Hayo Harldes war gestorben[3]), und an seine Stelle waren
seine Söhne Sibet und Tanne Duren getreten; neben ihnen
that sich Lubbe Onneken, Häuptling zu Kripense hervor, der

---

[1]) Friedl. I, 546. — Den Titel to Grothusen führt er hier nicht mehr,
wie sonst.

[2]) K. K. R. II, 1442: 12 ℔ ad convivium domicelli Olrici capitanei
in Emeden in inferiori molendino.

[3]) Nicht, wie Emmius p. 351 erzählt, kurz vor Edzard, denn er kommt
urkundlich noch am 21. December 1441 vor. (Friedl. I, 529).

schon ihrem Vater stets zur Seite gestanden hatte. Sie schmiedeten muthmaßlich aufs Neue Pläne zu Ulrichs Verderben und stifteten Aufruhr in ihren Landen, denn gegen sie richtete sich der Angriff Ulrichs und der Hamburger. Mit Heeresmacht fielen diese, wie uns Emmius erzählt[1]), in Ostringen ein, und zwangen im Mai 1442 Häuptlinge und Gemeinden durch den bloßen Schrecken, den sie erregten, zu einem Vertrage, der insbesondere für die Hamburger von Bedeutung war, indem er ihnen in den östlichen Ländern einen größeren Einfluß als bisher einzuräumen schien. Denn er bestimmte nicht nur, daß alle Zwietracht zwischen den Häuptlingen und Gemeinden einer-, Ulrich und den Hamburgern andrerseits beendet sein sollte, er legte den Ersteren nicht nur die Pflicht auf, keine Vitalienbrüder zu halten, sondern er setzte auch fest, daß, wenn sie einmal wieder mit Ulrich in Streit geriethen, sie sich unbedingt an die Hamburger zu wenden und deren Schiedsgericht anzuerkennen hätten[2]).

Nach diesem Erfolge wandte man sich nun auch endlich der Regelung der Verhältnisse im Harlingerland zu. Tanno und Hebbo Kankena waren bis dahin gefangen gewesen. Sie wurden nun aus ihrer Haft entlassen, aber wie hart waren die Bedingungen, denen sie sich unterwerfen mußten! Nicht nur, daß sie Dornum mit allem Zubehör und den Ibzingaherd in Norden, der nach Frau Himas Tod an sie gefallen war, an Ulrich verloren[3]): sie verpflichteten sich auch, ihren Hauptsitz Witmund Ulrich und den Hamburgern zu überantworten, die ganz nach Belieben mit den dortigen Befestigungen und Gebäuden sollten verfahren dürfen. Die Häuptlinge mußten als Wohnort annehmen, was die Verbündeten ihn bauen würden, durften keine Befestigungen ohne deren Erlaubniß aufführen, mußten ihnen alle festen Plätze, die sie sonst besaßen, öffnen,

---

[1]) Emm. p 355, der aber fälschlich dieses Ereigniß in den Herbst des Jahres setzt.
[2]) Friedl. I, 533—38.
[3]) Friedl. I, 541.

8

ihnen Hülfe für alle Fälle, in denen sie danach verlangten, zu-
sagen, und versprechen, in Zwistigkeiten das Schiedsgericht der
Hamburger anerkennen zu wollen. Würde einer der Brüder,
so bestimmte man weiter, den Vertrag brechen, so sollten alle
ihre Güter an Ulrich und die Hamburger fallen, sie selbst aber
Gefangene sein. Zur Bekräftigung des Vertrages endlich mußten
sie eine Anzahl Bürgen stellen[1]).

Dieser ungemein harte Vertrag vernichtete die Selbständigkeit der Kankenas durchaus. Seine erdrückende Last machte es
ihnen unmöglich, ihr Haupt wieder zu erheben, und mit ihrer
Bedeutung war es für immer vorbei. Die Verbündeten aber
konnten zufrieden sein. Sie hatten dem Osten ihre furchtbare
Macht gezeigt, und dort einen Zustand geschaffen, den wenigstens
in den nächsten fünf Jahren keine aufrührerische Hand zu
stören wagte.

Ueberhaupt aber herrschte während der folgenden Jahre
eine Ruhe, wie sie Ostfriesland seit Langem nicht mehr gesehen
hatte. Aus den Jahren 1443 bis 1446 wissen unsere Chroniken
uns nichts, die Urkunden wenig anzugeben. Für die Zusammen-
schließung und Ausgestaltung der Herrschaft Ulrichs mußte ein
solcher Zustand von größtem Vortheil sein. Seine Gegner
waren überwältigt, den tobenden Elementen des Ostens schwere
Fesseln angelegt, die Hamburger bekümmerten sich in den nächsten
Jahren kaum um Friesland und begnügten sich offenbar, Leerort zu halten. Alles das gestattete eine ruhige Weiterentwicklung
der durch Enno und Edzard begründeten, durch Ulrich behaupteten Macht.

Kleine, unbedeutende Konflikte mit auswärtigen Mächten
konnten diese Ruhe nicht stören. Ein Zwist, der 1442 mit
Groningen entstand, wurde rasch beigelegt[2]). Die Beziehungen
zwischen der Stadt und Ulrich wurden sogar immer engere.
Im Jahre 1444 verabredeten sie, daß, wenn auch einmal

---

[1]) Friedl. I, 543.
[2]) Emm. p. 352.

Streitigkeiten zwischen ihnen entständen, sie doch nicht gleich zu
den Waffen greifen wollten, und daß dadurch weder der Handel
und Verkehr, noch die gegenseitigen Unterthanen Schaden er=
leiden sollten[1]). Vollends aber wuchs die Freundschaft, als
Groningen auf Wunsch Ulrichs dem Treiben Brungers von
Loquard und Imels von Osterhusen, die nach dem Mißlingen
ihrer Anschläge in Ostfriesland von groningischem Gebiete aus
die Ems unsicher machten, Einhalt gebot[2]).

In demselben Jahre 1444 gerieth Ulrich wegen unbe=
deutender Dinge mit Bremen in einen Konflikt[3]), der aber schnell
beigelegt zu sein scheint und dem allgemeinen Frieden gleichfalls
nicht zu schaden vermochte.

Wirklich konnte es einen Augenblick scheinen, als sei das
Ziel erreicht, dem die Entwicklung Ostfrieslands seit Jahrzehnten
zustrebte, als sei mit Ulrich der Herrscher gekommen, der, nach=
dem er die Feuerprobe bestanden, nun nur noch die Aufgabe
hatte, in friedlicher Arbeit, die äußerlich zu einem Ganzen
verbundenen Länder auch innerlich zu einer wahren Einheit zu
verschmelzen. In solchen Hoffnungen wol nahm Ulrich in dieser
Zeit bereits den Titel eines Häuptlings von Ostfriesland an[4]).
Aber der günstige Zustand sollte nicht dauern. Schwere Prüfungen
standen Ulrich noch bevor. Denn von den drei Aufgaben, an
deren Lösung er sich zu versuchen hatte, war doch noch keine
wahrhaft erfüllt. Die Macht der östlichen Häuptlinge war für
den Augenblick gebrochen, nicht aber ihre Hoffnung; sie waren
nicht alle so gedemüthigt, wie die Kankenas, daß sie es nicht
wagen sollten, zu gelegener Zeit sich von Neuem zu erheben.
Ebensowenig waren die Ansprüche Imels und seiner Genossen
durch ihre Niederlagen aus der Welt geschafft: vor ihren An=
schlägen, etwa mit holländischer Hülfe, konnte man nie sicher
sein. Mit Hamburg endlich standen noch die schwierigsten

---

[1]) Emm. p. 356.
[2]) Das. p. 357.
[3]) Friedl. I, 561—63.
[4]) Friedl. I, 556.

8*

Verwicklungen bevor, denn diese Stadt war, wie sich bald zeigen sollte, keineswegs gewillt, ihre Herrschaftsrechte in Friesland für immer in anderen Händen zu lassen.

Noch einmal gerieth Ostfriesland seit dem Jahre 1447 in einen Zustand, der die wildesten Gegensätze entfesselte und die Errungenschaften der letzten Zeit in Frage stellte.

V. Kapitel.

Die zweite Besitzergreifung von Emden und das Ende der hamburgischen Herrschaft in Ostfriesland.

Als die Hamburger sich im Jahre 1439 aus Friesland zurückgezogen hatten, waren sie, wie wir sahen, in zwei schwere Konflikte verwickelt gewesen, in den Streit mit Heinrich von Münster und in den Krieg mit Holland. Nach beiden Seiten hin war im Laufe der folgenden Jahre nicht eine völlige Versöhnung, wol aber ein Stillstand erreicht.

Es hat kein Interesse, auf die langen, fruchtlosen Verhandlungen, die mit Heinrich von Münster seit dem Jahre 1439 geführt wurden, des Einzelnen einzugehen: genug, daß endlich im Sommer 1444 zu Campen ein Stillstand auf fünf Jahre geschlossen wurde, während dessen Dauer eine Tagfahrt zur Ausgleichung der beiderseitigen Ansprüche und Beschwerden stattfinden sollte[1]). Ob es zu dieser Tagfahrt gekommen ist, wissen wir nicht; geändert hat sie jedesfalls an der ganzen Sachlage nichts. Der Bischof ist dann im Jahre 1450 gestorben und mit ihm, wie es scheint, die Angelegenheit begraben: wir hören nicht, daß sein Nachfolger die Ansprüche den Hamburgern gegenüber erneuert habe. Der unglückliche Imel aber ist bis zu seinem Tode 1455 in der Gefangenschaft zu Hamburg gewesen[2]).

[1]) R. H. R. III, 143, 144.
[2]) Ben. p. 339. Emm. p. 374.

Der holländische Krieg hatte, wie vorausgesehen, in den ersten Jahren nach dem Anschluß Dänemarks an die Städte große Opfer erfordert. Hamburg selbst hatte noch im Jahre 1439 nicht weniger als 992 ₰ 2 β und im Laufe des Jahres 1440 gar 4887 ₰ 2 β 7 ₰ aufgewandt[1]). Der Krieg hatte darauf eine neue Wendung genommen. König Christoph näm= lich, der im Grunde seines Herzens sehr wenig Sympathie für die Städte hatte, näherte sich den Holländern, und suchte sich dann als Vermittler über die Partheien zu stellen, um dabei seinen Vortheil zu finden. Die Städte sahen sich durch diese Treulosigkeit gezwungen, zu ihrem Nachtheil 1441 in Kopen= hagen mit den Holländern einen Waffenstillstand auf 10 Jahre einzugehen, innerhalb welcher die Streitigkeiten ausgeglichen werden sollten. Mannigfache Verhandlungen, die zu diesem Zwecke gepflogen wurden, führten zwar zu keinem Resultat, aber der Friede blieb erhalten[2]), und nach dieser Seite hin war Hamburg von weiterem Aufwand befreit: seit dem Jahre 1442, sicher seit 1443[3]), finden wir wenigstens in den Kämmerei= rechnungen keine Ausgaben gegen Holland mehr verzeichnet.

Die Kosten für Friesland hatten inzwischen durch die Räumung Embens den erwünschten Rückgang genommen; nur das Jahr 1441 machte, wie erwähnt, eine Ausnahme und brachte der Stadtkasse einen Ausfall, der den des Jahres 1433 überstieg. Wie aber stand es mit dem Ersatz der Kosten durch die anderen Städte, der 1439 noch in so weiter Ferne gelegen hatte? Es war damit nicht besser geworden, die Städte zeigten vielmehr eine verletzende Gleichgültigkeit. Nicht einmal das versprochene Geld konnte Hamburg erlangen: als im Jahre

---

[1]) K. K. R. II, 1439. Ad expedicionem versus Albeam et gwerram Hollandrinorum, prout in longo libro est expressum, 793 ℔ 14 β. — 1440. Ad expedicionem versus Albeam in gwerra Hollandrinorum, sicuti in longo libro lucidius est expressum, 3909 ℔ 14 β 7 ₰.

[2]) R. II. R. II, p. VI ff.

[3]) Falls nämlich die Angabe K. K. R. II, 1442 Ad expedicionem versus Albeam 145 ℔ sich auf den holländischen Krieg bezieht.

1440 der Brügger Pfundzoll abgestellt wurde, fehlten an den 1000 ₰, die die Hamburger aus ihm erhalten sollten, noch 80, und vergebens forderten sie die Auszahlung derselben. Um sich schadlos zu halten, erhoben sie darauf auf eigene Faust einen neuen Pfundzoll, was nun wieder einen Sturm des Unwillens bei mehreren anderen Städten, unter ihnen Brügge selbst, entfesselte. Auf einer Versammlung zu Lübeck 1442 behauptete Brügge, die 80 ₰ lägen bereit und würden ausbezahlt, sobald Hamburg dem Kaufmann das durch den neuen Pfundzoll erhobene Geld zurückgegeben hätte[1]. Darauf wird man sich nicht eingelassen haben, und so blieb die Sache, wie sie war. 1443 suchte auf Hamburgs Bitten Lübeck die preußischen und livländischen Städte noch einmal zur Leistung von Ersatzkosten heranzuziehen[2], aber diese zeigten sich durchaus nicht geneigt. Wenn die Hamburger die 80 ₰ von Brügge erhalten hätten, sollten sie Embens wegen nicht mehr mahnen, beschlossen die preußischen Städte im April zu Marienburg[3]. Als dann im Mai desselben Jahres der hamburgische Bürgermeister Hinrik Roting die Angelegenheit auf einem Tage zu Stralsund vorbrachte, erklärten die livländischen und preußischen Rathssendeboten, leider seien die Briefe von Lübeck zu spät eingetroffen, so daß sie von ihren Städten keine Instruktion in dieser Sache erhalten hätten[4]; eine Entschuldigung, die zwar bei den livländischen Städten zutraf[5], von den preußischen aber, wie der eben erwähnte Beschluß zeigt, einfach erlogen war. Wenigstens erklärten sich die Städte auf Rotings Klage hin bereit, an Brügge zu schreiben, und die Auszahlung der

---

[1] R. H. R. II, 439, 50.

[2] Daf. 542; 608, 24.

[3] Daf. 568, 13.

[4] Daf. 608, 24.

[5] Der letzte Tag der livländischen Städte vor dem allgemeinen Stralsunder Tag fand zu Wolmar bereits am 20. Febr. statt (p. 465), während der Lübecker Brief erst nach dem 3. Febr. geschrieben ist (542). Die Sache kam überhaupt in Wolmar nicht zur Besprechung, während die preußischen Städte, selbst wenn der Brief erst nach dem Marienburger Tage eingetroffen sein sollte, ihren Boten doch sehr bestimmte Instruktionen ertheilt hatten.

rückständigen Summe zu fordern[1]), und diese scheint dann
wirklich erfolgt zu sein[2]). In den nächsten Jahren hören wir
nichts von weiteren Forderungen der Hamburger, obwol sie
vermuthlich nicht unterblieben sind; erst im August 1446 sehen
wir sie auf einem Tage zu Lübeck von Neuem mit der Bitte
um Unterstützung an die Städte herantreten[3]): dieses Mal
wurde die Sache vertagt.

Man sieht, Hamburg erntete für seinen Opfermuth wenig
Dank von den Städten, obwol doch sein Unternehmen ihnen
allen zu Gute gekommen war. Statt willigen Entgegenkommens
fand es nur Gleichgültigkeit und Uebelwollen, und sah seine
Leistungen nicht anerkannt, geschweige denn seine Kosten ersetzt.
Um so überraschender scheint es, daß der Hamburger Rath im
Jahre 1447 plötzlich Emden von Ulrich wieder einforderte.
Was war der Grund?

Emmius in seiner friesischen Geschichte verzichtet darauf,
sich für einen Grund zu entscheiden: schon den Zeitgenossen,
sagt er, sei die Ursache dieses überraschenden Ereignisses nicht
klar gewesen[4]). Allein wenn wir, wie wir es bei der Abtretung 1439 thaten, so auch hier die Gesammtlage Frieslands und Hamburgs in's Auge fassen, so wird die Forderung
des Rathes durchaus verständlich, zumal eine uns erhaltene
Aeußerung von hamburgischer Seite auf die Veranlassung derselben deutlich hinweist. In dem Recesse jenes Tages zu Lübeck
1446 heißt es: be van Hamborg begherden hulpe van den
steden umme to beholdende dat sloed Emeden, anders worden
se des quyt[5]). Es war den Hamburgern also im Jahre 1446
klar, daß, wenn sie sich nicht rührten, Emden überhaupt für

---

[1]) R. H. R. II, 608, 25.
[2]) Wenigstens wird der Angelegenheit nicht weiter Erwähnung gethan.
[3]) R. H. R. III, 253, 9.
[4]) p. 364. — Beningas Grund (p. 325), der Contrakt sei abgelaufen
gewesen, ist hinfällig, da in der Abtretungsurkunde des Jahres 1439 gar
kein fester Zeitpunkt ausgemacht war.
[5]) R. H. R. III, 253, 9.

sie verloren sein würde. Worin sie diese Gefahr begründet
fanden, und unzweifelhaft mit Recht begründet fanden, ist nicht
schwer einzusehen. Sie lag in der festen und ruhigen Konsoli=
birung der Macht Ulrichs, wie wir sie in den Jahren seit
1442 sich vollziehen sahen. Je weiter sie vorschritt, desto mehr
mußte es für die Hamburger zur Unmöglichkeit werden, das
noch besetzte Leerort zu halten oder gar die alten Ansprüche
auf Emden zu behaupten. So reifte der Entschluß, selbst wieder,
wie ehedem, die Regierung über Emden in die Hand zu nehmen,
und dieser Entschluß wurde ausgeführt, obwol von den übrigen
Städten in diesem Augenblicke eine Unterstützung nicht zu er=
langen war. Darin offenbart sich deutlich, wie groß die Be=
fürchtung, Emden zu verlieren, war, und wie warm noch der
Wunsch, es zu behaupten. Und war denn dieser Wunsch be=
rechtigt? konnte es überhaupt noch einen Zweck haben, sich
von Neuem in die friesischen Verhältnisse einzulassen? Aller=
bings, denn die Zustände in Friesland waren doch noch
derart, daß man namentlich in den östlichen Gegenden jederzeit
ein Wiederaufleben des Seeräuberwesens für möglich halten
mußte, wie es sich thatsächlich später, als Hamburg end=
gültig seine Stellung in Friesland aufgegeben hatte, gezeigt
hat. Aber ganz abgesehen davon, war der Wunsch Hamburgs
durchaus natürlich. Sollte es etwa, was es in opferfreudigem
Muthe und durch harten Kampf gewonnen hatte, ohne Weiteres
aufgeben und die leichte, friedliche Beute eines Anderen werden
sehen? Das konnte der natürliche Stolz kaum zulassen. Poli=
tisch betrachtet allerdings hat sich der Schritt, wie uns der
weitere Verlauf zeigen wird, bei der Theilnahmlosigkeit der
übrigen Städte, als ein großer Fehler herausgestellt.

Gegen Schluß des Jahres 1447 [1]) traten die Hamburger

---

[1]) Emm. giebt 1448, Ben. 1447 an. Das Letztere ist das Richtige,
wie aus K. K. R. II geschlossen werden muß, in benen mit dem Jahre
1447 die sehr bedeutenden Auslagen für Emden wieder beginnen: Ad
expedicionem versus Emeden, ut in longo libro est expressum 1643 ℔.
Am 5. October 1447 heißt Ulrich noch Häuptling von Emden. (Friedl. I, 586).

ihre Herrschaft in Emben wieder an. Als Amtmänner setzten
sie die Rathsherrn Johann Gerber und Albert Schreye ein;
sonst blieb die Verfassung Embens, die seit 1442 eine Con=
sularverfassung war [1]), bestehen.

Es liegt auf der Hand, daß die Rückgabe Embens für
Ulrich im höchsten Grade unbequem sein mußte. Nichtsdesto=
weniger fügte er sich mit der ihm eigenen Klugheit zunächst
durchaus und legte den Titel eines Häuptlings von Emben,
den die Hamburger ihm übrigens nie zugestanden hatten [2]), ab.
Es mußte ihm gerade damals daran liegen, mit den Ham=
burgern nicht zu brechen, denn eben waren wieder Unruhen
im Osten ausgebrochen, die ihn in Anspruch nahmen.

Es würde uns hier zu weit führen, wollten wir die
kleinlichen und unerquicklichen Kämpfe, die sich damals im
Osten abspielten, bis ins Einzelne verfolgen. Sie knüpften
an einen Streit um den Besitz der Burg Inhusen in Wangern an
und durchtobten bald das ganze Land [3]). Ulrich wurde in den
Kampf hineingezogen; seine Hauptgegner waren die ehemals
gedemüthigten Häuptlinge Tanne Duren und Lubbe Onneken.
Vergebens suchten die Hamburger, die nun für Ulrich ein=
traten, wiederholt, zu vermitteln [4]): immer wieder brach der
Kampf los, denn die beiden Häuptlinge waren entschlossen,
sich keiner fremden Gewalt zu beugen, und alle Ansprüche, die
man ihnen etwa bestritt, durchaus aufrecht zu halten. Sie
versicherten sich dabei der Gemeinden Rustringens, Ostringens
und Wangerns, mit deren Aelterleuten sie im Januar 1449
zu Jever zusammenkamen [5]). Hier erklärten sie, bei einer jüngst
von den Hamburgern und Bremern vermittelten Sühne nicht

---

[1]) Emm. p. 355.

[2]) Es ist auffallend, daß in den Urkunden, in denen Ulrich erscheint
und die von seinem Regierungsantritt bis zum Jahre 1447 ausgestellt sind,
der Titel fehlt, sobald die Hamburger mit den betreffenden Urkunden etwas
zu thun haben. (Friedl. I, 533, 34, 35, 36, 41, 42, 48).

[3]) Vergl. über diese Kämpfe: Wiarda II, p. 15 ff.

[4]) Friedl. I, 593, 94, 99 c.

[5]) Das. 607.

bleiben zu wollen, legten die Gründe ihrer Fehde mit Ulrich und Anderen genau dar, und forderten die versammelten Aelterleute auf, ihr Urtheil in der Sache abzugeben. Einstimmig erklärten sich die Anwesenden für die beiden Häuptlinge und versprachen, freudig Gut und Leben für sie hingeben zu wollen, wofür ihnen die Aufrechterhaltung ihrer alten Freiheit zugesagt wurde.

Ein immerhin bemerkenswerther Akt, der an die Zeiten nach dem Sturze Fockos erinnert! Wie einst Enno und Edzard sich von den Wogen der Volksgunst hatten emportragen lassen, so unterstellten hier die Häuptlinge mit berechneter Klugheit ihr ferneres Schicksal der Entscheidung der Gemeinden, deren Zuneigung sie durch diese That gewiß wurden. Noch einmal bekamen dadurch die Gemeinden hier eine scheinbar selbständige Bedeutung, wie sie im Westen, in den fest in Ulrichs Herrschergebiet eingefügten Landen, nicht mehr möglich war. Zugleich zeigt sich in diesem ganzen Vorgange, wie weit diese Länder doch davon entfernt waren, sich mit den westlichen Nachbaren als eine Einheit zu fühlen.

Deshalb allein interessiren uns überhaupt diese östlichen Verwicklungen, weil sie offenbaren, wie schwankend, wie unsicher hier doch noch alle Zustände waren. Wenn Ulrich im Jahre 1442 gemeint hatte, dieser Gegenden wirklich Herr zu sein, und wenn die Ruhe der folgenden Zeit ihm darin scheinbar Recht gegeben hatte, so erwies sich das jetzt als eine große Täuschung: er mußte sehen, daß das Land noch nicht reif war, sich einem festeren Verbande einzufügen. Die Hamburger aber bemerkten zu ihrem Schrecken, daß sich hier die alten Zustände, die sie mit so großen Anstrengungen bekämpft hatten, erneuerten. Schon begann in diesen Gegenden der Seeraub wieder aufzublühen, und, was das Schlimmste war, es tauchte bei den Friesen der Plan auf, die Sibetsburg wieder zu erbauen. Das Letztere wollten die Hamburger auf jeden Fall verhindern. Mit Bremen wandten sie sich im Sommer 1450 an die gemeinen

Städte, um Hülfe von ihnen dagegen zu erlangen, aber wie immer zeigten diese sich sehr wenig willfährig. Der Hochmeister von Preußen schrieb eine ausweichende Antwort, und, als Hamburg und Bremen auf einem Tage zu Bremen die Einsetzung eines Zolles forderten, dessen Erlös ihnen die Mittel zum Kampfe gewähren solle, erklärte man, dazu habe man keine Befugniß; die beiden Städte möchten sich doch freundlichst bis zur nächsten Tagfahrt in Lübeck gedulden und bis dahin, wie so lange, den Wiederaufbau der Burg verhindern[1]). Zu Lübeck aber gab man ihnen den Rath, sich auf gütliche Weise mit den Friesen auseinanderzusetzen und beauftragte Groningen mit der Leitung der Angelegenheit[2]). Es ist dann wirklich gelungen, den Wiederaufbau der Burg zu hintertreiben[3]). Sonst aber erzielte man keine weiteren Erfolge. Zwar versuchten die Hamburger 1449, und wieder im Frühjahr 1450 durch Vermittlung allen Zwist beizulegen: aber es war umsonst. Bald darauf mußten dann sowol sie wie Ulrich den Osten ganz sich selbst überlassen, denn sie selbst geriethen nun mit einander in Streit. Es nahte der Kampf, der entscheiden sollte, wer von ihnen der eigentliche Herr in Emden, und damit in Ostfriesland überhaupt, sei.

Seit die Hamburger Emden wieder besetzt hatten, war zwischen ihnen und Ulrich eine stetig zunehmende Eifersucht entstanden. Mancherlei Zwistigkeiten mögen gleich in den ersten Jahren aus ihr entsprungen sein, nirgends aber kam sie so klar zum Ausbruck, als in dem Konflikt, der sich wegen der Vertriebenen, Imel und Genossen, erhob[4]).

Ulrich war der Feindschaft mit diesen Vertriebenen, vor deren Anschlägen er stets auf seiner Hut sein mußte, überdrüssig geworden. Er dachte daran, sie durch freundliches Entgegenkommen zur Ruhe und auf seine Seite zu bringen,

---

[1]) R. H. R. III, 608, 615, 627, 4.
[2]) Das. 649, 12.
[3]) Die Burg war 1481 noch nicht wieder aufgebaut. (Friedl. II, 1060 ff.)
[4]) Emm. p. 366 ff.

und war deshalb entschlossen, sich ihrer Rückkehr auf ihre
Güter nicht länger zu widersetzen. Bereits im Frühjahr 1449
muß eine Verständigung erfolgt sein, denn damals übertrugen
Imel und Friedrich in freundschaftlichen Ausdrücken ihrem
„lieben Neffen“ Ulrich den Ockenherb, den sie von ihrer Groß=
mutter geerbt, als Eigenthum [1]).

Mit diesen Absichten Ulrichs waren nun aber keineswegs
die Hamburger einverstanden. Die Güter der Vertriebenen
lagen in unmittelbarer Nähe Embens und gehörten größten=
theils dem Herrschaftsgebiet der Hamburger an. Unmöglich
konnten diese es zugeben, daß die unruhigen Gesellen, die sie
einst mit großen Anstrengungen bekämpft hatten, sich mitten
in ihrem Gebiete auf Gütern, die sie längst als ihr Eigenthum
betrachteten, niederließen.

So liefen sich hier die Interessen Ulrichs und der Ham=
burger schnurstracks entgegen. Der Erstere fand in der Rück=
kehr der Häuptlinge ein Mittel, den für die weitere Konsoli=
birung seiner Macht so erwünschten Frieden mit ihnen endlich
zu erreichen; die Letzteren konnten in ihr nur eine Beein=
trächtigung ihres Besitzes und eine Gefahr für ihre Herrschaft
erblicken.

Die Hamburger behielten die Oberhand: es gelang nicht,
die Rückkehr der Vertriebenen durchzusetzen. Diese aber gaben
die Hoffnung nicht auf, und suchten auf andere Weise einen
Druck auf ihre Gegner auszuüben. Sie wandten sich an
Groningen, das ihnen, offenbar seitdem Ulrich sich ihnen ge=
nähert hatte, durchaus wohlgesinnt war und sie in seinen Schutz
genommen hatte. In einem herzzerreißenden Brief beschwor
Imel den groningischen Rath, für ihn und seine Freunde ein=
zutreten; eine That, die seiner würdig sei, werde er thun,
wenn er die von Karl dem Großen gewährleistete Freiheit
schütze und die Räuber vertreibe, die Gold, Silber und sonstige
Schätze aus Ostfriesland fortschleppten und auf Knechtung des

---

[1]) Friedl. I, 610, 611.

ganzen Volkes dächten. Allein der groningische Rath war doch
nicht geneigt, deshalb einen Waffengang mit den Hamburgern
zu wagen. Er antwortete wohlwollend: das Schicksal Imels
thue ihm von Herzen leid, aber da er mit den Hamburgern
ein Bündniß habe, so könne er mit den Waffen nichts für sie
thun; auf friedlichem Wege jedoch wolle er sich gern für sie
verwenden. So geschah es. Er sandte an die hamburgischen
Amtmänner zu Emden — es waren damals Wilhelm Brand
und Heinrich Lessemann — Briefe, in denen er bat, man möge
dem Flehen der Unglücklichen doch Gehör schenken; zugleich
bot er seine Mitwirkung bei einer eventuellen Besprechung der
Sache an. Die Amtmänner erwiderten: es stehe nicht in ihrer
Macht, in dieser Angelegenheit etwas zu thun; dafür sei der
hamburgische Rath allein maßgebend. Auf das Zureden des
groningischen Senates wandten sich die Vertriebenen mit ihren
Bitten darauf nach Hamburg selbst. In ihrem Auftrage begaben sich zwei Geistliche, Johann Munter aus Burismonken
und Isebrand aus Norderhave, wohlausgerüstet mit groningischen
Empfehlungsbriefen zum Hamburger Rath, um ihn zur Nach-
giebigkeit zu bewegen. Die Antwort, die sie heimbrachten,
lautete nicht hoffnungslos: der Rath wolle zwei Schiedsrichter
anerkennen, und zwar die beiden Friesen Wiard von Olbersum und Tanno Kanten; sie sollten den ganzen Streit entscheiden [1]).

Wäre diese Antwort nicht ausdrücklich bezeugt, wir
möchten an ihrer Richtigkeit zweifeln: so seltsam klingt sie.
Wie kam Hamburg dazu, eine Sache, in der es offenbar nicht
nachgeben konnte und wollte, der schiedsrichterlichen Entscheidung
zweier Friesen zu übergeben, von denen der eine, wie wir
noch sehen werden, ein treuer Freund Ulrichs, der andere ein
durch hamburgische Gewalt schwer mißhandelter Mann war?
Nur zwei Möglichkeiten scheinen vorhanden zu sein: entweder

---

[1]) Vergl. zu dieser ganzen Angelegenheit und zu dem Folgenden Beilage IV.

der Rath hat allerdings die Antwort gegeben, aber von vorn herein die Absicht gehabt, nicht ihr gemäß zu handeln, oder aber, wie schon Emmius vermuthungsweise ausspricht, die beiden geistlichen Herrn haben, um nicht ohne Trost zurückzukommen, die Antwort erfunden. Wie dem auch sein mag, jedesfalls entsprach die Handlungsweise der Hamburger den hoffnungs=vollen Worten nicht. Von der Einsetzung eines Schiedsgerichtes war hinfort keine Rede mehr. In ihrer Verzweiflung be=schlossen die Vertriebenen nun, noch einmal, wie ehedem, den Schutz und die Hülfe der Holländer für sich anzurufen. Sie begaben sich selbst nach Holland, um hier für ihre Sache zu wirken.

Seit kurzem war der Sitz des deutschen Kaufmanns von dem flandrischen Brügge nach Deventer verlegt, und hierhin sandten nun, wahrscheinlich im Jahre 1452, die Vertriebenen einen aus ihrer Mitte, Tiard von Dockum, daß er ihre Klagen gegen die Hamburger anbringe. Tiard erschien in Deventer, und begann, seine Klagerede vorzutragen. Allein der Rath von Deventer gestattete das nicht. Mit dem Hinweis darauf, daß die Sache der Hamburger eine Sache aller Hansestädte sei, schnitt er ihm das Wort ab, und wohl oder übel mußte Tiard abziehen. Noch immer gaben die Vertriebenen ihre Hoffnung nicht auf. Sie schrieben die Hauptklagepunkte jetzt nieder, und ließen das Schriftstück den holländischen Städten und dem Rathe des Herzogs überreichen. Auch damit scheinen sie wenig Eindruck gemacht zu haben, wenigstens hören wir nichts von irgend einer holländischen Unterstützung. Bald allerdings war eine solche überhaupt nicht mehr nöthig, denn es trat ein Ereigniß ein, das auch die Wünsche der Ver=triebenen erfüllte: es fiel nämlich die Entscheidung zwischen Ulrich und den Hamburgern, und zwar zu Gunsten des Ersteren.

Eben an den Gegensatz, der durch die Sache der Ver=triebenen hervorgerufen war, knüpften die Entscheidungskämpfe an [1]). Ein Theil der Landbevölkerung des Emslandes, der einst unter der Herrschaft der flüchtigen Häuptlinge gestanden hatte, ertrug das hamburgische Regiment sehr ungern, und sehnte sich nach seinen alten Herrn zurück. Als er nun sah, daß auch Ulrich sich diesen wieder geneigt zeigte, wandte er sich an ihn, gelobte ihm Treue und kündigte den Hamburgern den Gehorsam. Die hamburgischen Amtmänner beschlossen darauf, ein Beispiel zu statuiren: sie setzten einige der Aufständischen gefangen und konfiscirten ihre Güter. Diese Maßregel wirkte einen Augenblick, sie verursachte großen Schrecken. Allein Ulrich verhieß den Eingeschüchterten nun ausdrücklich seinen Schutz, versprach ihnen Hülfe, wo sie nöthig sei, und legte sogar zu ihrer Sicherung in gewisse Plätze Besatzungen hinein; zugleich machte er den hamburgischen Amtmännern Vorwürfe wegen ihres Benehmens. Ein Wort gab das andere, und bald blieb es dabei nicht, sondern kam zu Thätlichkeiten und offenen Kämpfen. Hamburg hatte die Ember, die seiner Herrschaft so viel verdankten, unbedingt auf seiner Seite, sonst aber wandten sich die meisten Bewohner des Emslandes von den Fremdlingen ab und schlossen sich an Ulrich an. Wichtig für diesen war namentlich die Freundschaft des Häuptlings Wiard von Uphusen, der ansehnliche Besitzungen hatte und gegen die Ember wie gegen die Hamburger wegen mannigfacher Verletzungen gleich aufgebracht war.

Nicht besser stand es im Mormerland, wo die Hamburger nach wie vor in Leerort ihren Stützpunkt hatten. Hier wurde Detern das Streitobjekt. Detern gehörte zu den hamburgischen Besitzungen, und war 1439 mit an Edzard und Ulrich überliefert worden. Der Letztere hatte dort eine Burg gebaut, und, als er 1447 mit Emden und den übrigen friesischen Besitzungen auch Detern zurückgegeben, für den neuen Bau Schadenersatz gefordert. Die Hamburger aber weigerten sich, ihm irgend etwas dafür zu zahlen; denn, so sagten sie, Ulrich habe nie

[1] Emm. p. 367.

ein Eigenthumsrecht an Detern gehabt, folglich seien sie ihm
auch für die Rückerstattung nichts schuldig¹). Vermuthlich
wegen dieser Angelegenheit geriethen nun die Hamburger mit
Popke Reindsna, dem ehemaligen Vogt Ulrichs in Detern und
Umgegend²), in schwere Kämpfe. Er war bei der Rückgabe
der friesischen Besitzungen den hamburgischen Amtmännern zu
Emden als friesischer Vogt beigegeben worden³), muß dann
aber in den nächsten Jahren, von Ulrich gesandt, in die
deternsche Gegend zurückgekehrt sein, um hier den Kampf gegen
die Hamburger aufzunehmen. Zu diesem Zwecke errichtete er,
wie es scheint, in der Nähe von Detern eine Burg, von der
aus er seine Angriffe organisirte⁴). Zugleich hatte er noch
einen zweiten Feind zu bekämpfen, die Oldenburger. Graf
Gerhard hatte die Bestrebungen seines Vorgängers aufgenommen.
Fortwährend machte er Einfälle in das friesische Gebiet, und
richtete sein Augenmerk vornehmlich auf die wichtige Friedeburg. Auch er gerieth dabei in heftige Fehden mit Popke.

Es war ganz natürlich, daß zwischen den Hamburgern
und Oldenburgern angesichts des gemeinsamen Feindes bald
eine Annäherung zu Stande kam. Schon im Herbst 1450
unterstützten die Ersteren die gräflichen Truppen wirksam
gegen Popke und boten ihnen sogar Detern als offenes Schloß
an⁵). Am 23. Februar 1451 aber schloß dann der hamburgische Rath mit dem Grafen, den er in seine Stadt eingeladen hatte⁶), ein förmliches Bündniß ab⁷), das sich ausdrücklich gegen Ulrich und seine Parthei richtete. In demselben versprach Gerhard den Hamburgern 400 Ritter und ein

¹) R. H. R. IV, 48. Friedl. I, 637.
²) Emm. p. 357.
³) Das. p. 364. Friedl. I, 606.
⁴) Wolter p. 81.
⁵) R. H. R. IV, 48.
⁶) K. K. R. II, 1451: 29 ℔ Johanni Hulscheden pro expensis
domicelli Gherardi comitis Oldenburgensis qui propter certas causas
huius civitutis fuit hic invitatus.
⁷) Friedl. I, 636.

Fußheer, um Ulrich zum Gehorsam zu zwingen, während diese dem Grafen 1000 Mann zur Eroberung der Friedeburg zusagten.

So entbrannte im Frühjahr 1451 durch ganz Friesland ein heftiger Krieg. Alle Kräfte wurden hamburgischerseits angespannt, um das Feld zu behaupten: nicht weniger als 5 Rathsherrn, an ihrer Spitze der bewährte Herr Detlev Bremer, waren mit Truppen nach Friesland gesandt[1]). Wir sind über die Einzelheiten des Kampfes sehr schlecht berichtet. Ulrich scheint das Hauptgewicht auf die Rückeroberung Deterns gelegt zu haben, das er durchaus als sein Eigenthum betrachtete. In Briefen, die er damals nach Lübeck und Bremen sandte, begründete er seinen Anspruch ausführlich. Er beklagte sich, daß die Hamburger seine Feinde, die Oldenburger, unterstützt, ja auf sein Schloß Detern gelassen hätten; er habe sich bei ihnen darüber beschwert, sei aber nicht zu seinem Rechte gekommen: da habe er „seine Freunde ausgesandt und seine Feinde suchen lassen." Endlich forderte er die Städte auf, die Hamburger zu der Herausgabe Deterns zu veranlassen[2]).

Sehr schwach waren die Vertheidigungsgründe, die die Hamburger in einem Briefe an Bremen den heftigen Anschuldigungen des Häuptlings entgegenzusetzen vermochten; sie verwiesen übrigens auf einen Tag, den sie mit ihm zu halten gedächten[3]). Dieser Tag, den die Groninger vermittelt hatten, fand im Mai in Emden statt, aber er verlief durchaus fruchtlos. Der Kampf ging sofort weiter[4]).

Das Glück war den verbündeten Hamburgern und Oldenburgern nicht hold. Die Letzteren mußten sich im Juni 1451 zu einem Frieden mit Ulrich bequemen, dessen ungünstige Bedingungen durchaus auf eine vorhergegangene Niederlage

---

[1]) Emm. p. 368.
[2]) R. H. R. IV, 48.
[3]) Friedl. I, 637.
[4]) Emm. p. 369.

schließen lassen[1]). Gerhard versprach, alle Briefe, die seine Vorfahren den Friesen besiegelt hätten, getreulich halten zu wollen, ferner aber, keinen Feind Ulrichs durch oldenburgisches Gebiet ziehen zu lassen, während diesem und seiner Parthei der Durchzug jederzeit freistehen sollte.

Bald genug sollten auch die Hamburger, die nun ihres Bundesgenossen beraubt waren, das Schicksal einer Niederlage erfahren. Es ist wenigstens im höchsten Grade wahrscheinlich, daß Ulrich ihnen damals das vielumstrittene Detern wirklich abgewonnen hat, wodurch ihrer Macht ein schwerer Stoß versetzt wurde[2]). Der unglückliche Kommandant des Schlosses, Hermann von Berghen, mußte für die Uebergabe desselben schwer büßen. Er wurde gefänglich eingezogen, da er „ohne irgend eine Nothwendigkeit und nur durch eigene Nachlässigkeit" das Schloß an die Feinde ausgeliefert habe; erst nach zwei Jahren wurde er wieder auf freien Fuß gesetzt, nachdem er Urfehde geschworen hatte[3]).

Nach dem Verluste Deterns kam es zu Friedensverhandlungen, denn mächtige Freunde traten vermittelnd zwischen die kämpfenden Partheien: Groningen für Ulrich[4]), Herzog Adolf

---

[1]) Friedl. I, 638. Von Bippen p. 63 irrthümlich ins Jahr 1452 gesetzt.

[2]) Vergl. Koppmann, Mitth. d. V. f. hamb. Gesch. VI, 64. — Beweisen läßt es sich wohl nicht, daß die Uebergabe Deterus schon damals erfolgt sei. Doch habe ich mich dieser von Koppmann aufgestellten Hypothese angeschlossen, da mir eine Stelle in einem Briefe Herzog Adolfs von Schleswig direkt auf die Uebergabe hinzuweisen scheint. Der Herzog sendet nämlich am 20. Januar 1452 an die Groninger ein Schreiben (Friedl. I. 644), in dem er sein Bedauern über den Mißerfolg der kurz vorher stattgehabten Tage zu Oldenburg und Bremen ausdrückt und den groningischen Rath bittet, er möge Ulrich veranlassen, den Hamburgern „das, was er ihnen abspenstig gemacht habe und mit Unrecht besäße, wieder zu überantworten und es sie wie vorher in Ruhe gebrauchen zu lassen." Aus dem unseligen Berichte Wicherings (Friedl. I, 847), mit dem, wie sehr man sich auch anfangs gegen seine Verwerfung sträubt, doch so unendlich wenig anzufangen ist, geht wenigstens das hervor, daß in den Verhandlungen zu Bremen und Oldenburg das Eigenthumsrecht an Detern eine große Rolle gespielt hat. Hält man diese Thatsache mit jener Stelle aus Adolfs Brief zusammen, so scheint es mir wahrscheinlich zu werden, daß dieselbe sich auf Detern bezieht.

[3]) Friedl. I, 675.

[4]) Emm. p. 369.

von Schleswig für Hamburg. Dem Letzteren gelang es, einen
Waffenstillstand und die Festsetzung eines Tages durchzusetzen[1]).
Ulrich wählte für denselben als Vertreter seiner Sache Bremen
und Gerhard von Oldenburg, mit dem er sich rasch ganz ausgesöhnt haben muß; Hamburg Adolf von Schleswig und Lübeck.
Zu Oldenburg, dann am 6. December zu Bremen kam man
zusammen. Lange wurde, namentlich über den Besitz Deterns,
hin- und hergeredet, aber zu einer Einigung gelangte man
nicht[2]). Unwillig verließen die Hamburger und Lübecker am
16. December Bremen, nachdem die Letzteren zusammen mit
den Stader Sendeboten vor den friesischen Vertretern die Erklärung abgegeben hatten, sie erachteten sich nicht mehr für
verpflichtet, Hamburg, wie sie vor dem Tage versprochen,
von weiteren Angriffen gegen Ulrich abzuhalten[3]).

Herzog Adolf fühlte sich sehr peinlich davon berührt,
daß die von ihm eingeleiteten Verhandlungen so kläglich gescheitert waren. Seiner Ueberzeugung nach war Ulrich durchaus im Unrecht, und so sandte er denn im Beginne des Jahres
1452 noch einmal einen Brief an den Groninger Rath, und
suchte ihn zu bewegen, Ulrich zur Herausgabe Deterns zu veranlassen[4]). Es war Alles vergebens: heftiger als je sollte in
diesem Jahre der Kampf in Friesland ausbrechen.

Der Hamburger Rath war darüber nicht im Unklaren,
daß, wenn es so weitergehe, Hamburg seine Stellung in Ostfriesland nicht mehr lange würde behaupten können. Friesland
hatte der Stadtkasse im Jahre 1449 3017 ₰ 8 β, 1450
4674 ₰ 9 β 5₰[5]), und 1451 jedesfalls noch viel mehr ge-
kostet: dafür war nicht der geringste Ersatz geleistet! Unmöglich
war das länger zu ertragen! Nur eine Hoffnung gab es noch,
und diese richtete sich auf eine Unterstützung von Seiten der

---

[1]) Friedl. I, 644.
[2]) Das. 847.
[3]) Das. 612.
    Das. 644.
[5]) K. K. R. II.

gemeinen Hanseſtädte. Würden ſie ſich endlich einmal aus
ihrer Gleichgültigkeit zu opferfreudigem Handeln aufraffen,
würden ſie wenigſtens jetzt, wo die Noth aufs Höchſte geſtiegen
war, Hamburg hülfreich zur Seite treten?

Auf einem Tage zu Utrecht, im Sommer 1451, kam die
Sache zur Beſprechung[1]). Die hamburgiſchen Sendeboten
ſchilderten noch einmal, wie die Ihren, trotzdem ſie von den
Städten bisher nie wirkſame Hülfe hätten bekommen können,
Stadt und Schloß Emden mit ſchweren Koſten behauptet und
befeſtigt hätten, ſie ſetzten auseinander, wie die Schwierigkeiten
in Friesland ſich jetzt bedeutend vermehrten, wie ſie in
heftige Fehden verwickelt ſeien, und wie ihre Stadt unmöglich
die Laſten noch länger allein tragen könne. Ausdrücklich gaben
ſie zum Schluſſe die Erklärung ab, Hamburg müſſe und wolle
Emden aufgeben, wenn die Städte keine Unterſtützung gewährten;
ſeine Schuld ſei es nicht, wenn daraus dann dem Kaufmann
wieder großer Schaden erwachſe. Dieſe eindringlichen Worte
blieben nicht ohne Eindruck auf die Sendeboten der übrigen
Städte: ſie erklärten wenigſtens beſtimmt, auf der nächſten
Tagfahrt zu Lübeck ſolle ein endgültiger Beſchluß gefaßt wer=
den; ſo lange möge Hamburg ſich noch gedulden und Emden
halten, wie es bisher gethan habe.

Ohne Unterſtützung ſtürzte ſich Hamburg 1452 von Neuem
in den Krieg. Der Schauplatz deſſelben war dieſes Mal haupt=
ſächlich das Emsland. Hier ſtand Emden nach wie vor treu
zu den Hamburgern, aber die Landbewohner waren faſt ſämmt=
lich von ihnen abtrünnig geworden. Schmerzlich empfanden ſie
namentlich den Abfall der beiden größeren Dörfer Grothuſen
und Oſterhuſen und ſie faßten ihre Eroberung und Zer=
ſtörung als nächſtes Ziel ins Auge. Andreas Gronenberg,
damals mit Johann Gerber Amtmann in Emden, zog zu dieſem
Zwecke Truppen zuſammen, und marſchirte, nachdem er in der

---

[1]) R. H. R. III, 709, 35.

Stadt eine starke Besatzung zurückgelassen hatte, gegen Grot=
husen. Das Dorf war durch einige Verschanzungen befestigt,
sie mußten zunächst belagert werden. Während noch Gronen=
berg damit beschäftigt war, rückte Ulrichs Neffe, Sibo von
Stedesdorp[1]), heran, griff die Belagerer an, und schlug sie in
die Flucht. Gronenberg mußte sich in die Stadt zurückziehen,
aber, schneller noch, als man erwartete, brach er wieder her=
vor, überrumpelte das Dorf Hinte und warf sich dann auf
Osterhusen. Auch dieses Mal jedoch war Sibo sofort zur
Stelle, und brachte den Gegnern eine empfindliche Niederlage
bei, die sie abermals zwang, nach Emden zurückzukehren[2]).

Diese Schläge mußten den Muth und die Kraft der
Hamburger bedeutend herabdrücken, sie mußten zugleich das An=
sehen, das dieselben noch in Friesland hatten, erheblich vermindern.
Fortwährend wuchs der Anhang und die Macht Ulrichs. Die
Hamburger waren bald ganz auf Emden beschränkt, dessen noch
immer ergebene Bewohner von den Gegnern verächtlich „Sachsen"
genannt wurden. Aber auch diese Stadt wurde immer mehr
gefährdet: vom Meer aus suchten Seeräuber ihr zu schaden
und zu Lande zog Ulrich durch neue Verschanzungen und Truppen=
sammlungen seine Netze immer fester zusammen[3]).

Da legte sich im Herbst 1452 noch einmal Herzog Adolf
ins Mittel. Er erreichte, daß am 3. September ein vorläufiger
Friede geschlossen wurde[4]), dem einige Wochen später Ver=
handlungen im Johanneskloster zu Stade folgten[5]). Hier wurde
ein gänzlicher Waffenstillstand auf Grund des gegenwärtigen
Besitzstandes festgesetzt; jede der Partheien wählte wiederum
Schiedsrichter, dieselben, wie im vergangenen Jahre; diese

[1]) Ben. p. 325. Emm. p. 362.
[2]) Ben. p. 328. Emm. p. 369. — Es ist ein Irrthum, wenn Beninga
hier von den Schlössern Grothusen und Osterhusen spricht; denn diese waren
1436 zerstört. Hier kann es sich, wie Emmius ganz richtig erzählt, nur
um die Dörfer (vici) handeln.
[3]) Emm. p. 370.
[4]) Friedl. I, 647.
[5]) Das. 648.

sollten am 3. Juni 1453 in Stade zusammentreten und dann in Gegenwart Ulrichs, Wiards und hamburgischer Vertreter den endgültigen Schiedsspruch abgeben.

Es ist soweit nicht mehr gekommen.

Hamburgs Kräfte waren erschöpft; es war der Kämpfe und Anstrengungen müde. Vergebens hatte es auf die Erfüllung des zu Utrecht von den Städten gegebenen Versprechens, vergebens auf Unterstützung durch die Bundesmitglieder gehofft: einzig und allein Lübeck hatte in altbewährter Treue die Schwesterstadt nicht ganz im Stich gelassen[1]), sonst aber geschah nichts. Auf das Fühlbarste machte sich hier die größte Schwäche des Hansebundes geltend: der Mangel einer festen Bundesverfassung. Er allein erklärt uns das Verhalten der Städte. Es fehlte die treibende Kraft, die eine jede von ihnen zwang, ein Opfer nicht zu scheuen, wo es das gemeinsame Wohl erforderte. Das gemeinsame Wohl: das mochten die meisten Städte vielleicht damals nicht genugsam bedenken. Sie waren durch das muthige Vorgehen der Hamburger von der Plage der friesischen Seeräuber, die ihnen bis vor zwei Jahrzehnten so unermeßlichen Schaden zugefügt, befreit worden: sie mochten sich allgemach gewöhnt haben, diesen Zustand der Ordnung als etwas ganz Selbstverständliches anzusehen und in den Unternehmungen der Hamburger eine reine Privatsache zu erblicken. Das war ein Fehler. Denn, mochte Hamburg immerhin in Ostfriesland auch seine Privatinteressen verfolgen, so mußte doch seine dortige Stellung für die ganze Hanse von Bedeutung sein, so lange nicht das Land die Gewähr für ein gänzliches Verschwinden der Seeräuber bot. Daran war aber bei den Zuständen, die in den östlichen Gegenden herrschten, noch nicht im Entferntesten zu denken.

Im Frühjahre 1453 sah der hamburgische Rath, daß es unmöglich sei, die Lasten für Friesland noch ferner aufzubringen.

---

[1]) K. K. R. II, 1452: Recepta a consulatu Lubicensi ad usum soldie soldatorum ad presens versus Emeden destinatorum 800 ℔.

Er war entschlossen, zu thun, womit er wiederholt auf den
Hansetagen gedroht hatte, Emden aufzugeben und Friesland
zu räumen. Nicht einmal den verabredeten Schiedstag wartete
er ab, vielmehr knüpfte er auf eigene Hand mit Ulrich Ver=
handlungen an. Deren Resultat war, daß die Hamburger
Emten und Leerort mit allem Zubehör Ulrich gegen eine Summe
von 10,000 ₰ lübisch auf Schloßglauben übertrugen; aber,
was das Entscheidende war und eine gutwillige Rückgabe
Embens eigentlich von vorn herein ausschloß: erst von dem
Jahre 1469 an sollten sie ihren Besitz gegen Rückerstattung
der 10,000 ₰ zurückfordern dürfen, und auch dann nur nach
einjähriger Kündigungsfrist. Dem gegenüber wollten die Zu=
geständnisse Ulrichs nicht viel bedeuten. Er versprach, keine
Seeräuber in Friesland dulden, und den Kaufmann, nament=
lich den hamburgischen, beschützen zu wollen; Accise wollte er
von den hamburgischen Gütern nicht erheben. Ferner sollten
alle seine Schlösser den Hamburgern offen stehen, neue wollte
er im Emsland nicht ohne ihre Einwilligung bauen, Emden
und Leerort nur mit ihrer Erlaubniß neu befestigen, ihnen
auch gegen alle Feinde, namentlich eventuell gegen die Holländer,
beistehen. Den Bürgern von Emden endlich wurden die Ge=
rechtigkeiten und die Freiheiten, die sie unter ihren bisherigen
Herren genossen, auch für die Zukunft zugesichert. Es ist klar,
daß, waren die Hamburger erst einmal aus dem Lande, es
ganz in Ulrichs Hand lag, was er von diesen Bestimmungen
halten wollte.

Am 10. April wurde der Vertrag unterzeichnet[1]), am
9. Mai Emden und Leerort nebst ihrem Inventar in die Hände
Ulrichs überliefert[2]). Faktisch war damit die Herrschaft der
Hamburger in Friesland zu Ende. Sie haben zwar noch
wiederholt in den nächsten Jahrzehnten in die dortigen Ver=
hältnisse eingegriffen, aber nie mehr einen Einfluß und eine

---

[1]) Friebl. I, 658.
[2]) Daf. 669.

Stellung erlangt, wie sie vorher besessen. Auch als sie gegen
Ende des Jahrhunderts gelegentlich eines Zollstreites Miene
machten, das ihnen gemäß dem Vertrage von 1453 zustehende
Recht in Anspruch zu nehmen, als sie Emden von der damaligen Gräfin Ostfrieslands und ihren Söhnen zurückforderten,
ist es ihnen damit nicht ernst gewesen. Sie wollten durch ihre
Forderung nur einen Druck ausüben, um ihren Willen, die
Abstellung der unrechtmäßiger Weise erhobenen Accise, durchzusetzen. Das ist ihnen dann nach manchen Schwierigkeiten
zwar, und nachdem sie ihren Drohungen wiederholt kräftigen
Nachdruck hatten verleihen müssen, gelungen. Zugleich aber
bemühten sich dann die damaligen Herrscher Ostfrieslands mit
Erfolg, derartigen Versuchen der Hamburger für die Zukunft
die Spitze abzubrechen und ihre Ansprüche auf Emden gänzlich zu beseitigen. So kam es im Jahre 1493 zu einem Vertrage, in dem Hamburg gegen eine neue Zahlung von 10,000 ₰
endgültig allen Ansprüchen auf Ostfriesland entsagte [1]).

Schluß.

Der Gang unserer Untersuchung hat uns gezeigt, welche
Stellung Hamburg in den hansisch-friesischen Verwicklungen eingenommen hat. Wir sahen, wie die Stadt sich gleich anfangs,
als die Unternehmungen gegen Friesland noch mehr einen
gemeinhansischen Charakter trugen, hervorthat, wie sie später
die ganze Last fast allein auf sich nahm, wie sie, bemüht, sich
dauernden Einfluß zu verschaffen, in die oft so unendlich kleinlichen und widerwärtigen Kämpfe des nach einer lebensfähigen
politischen Gestaltung ringenden Landes verwickelt wurde, wie

---

[1]) Friedl. II, 1361. — Ueber die Ereignisse in der Zeit von 1453—93
handelt Bippen in seinen beiden Abhandlungen: „Die Erhebung Ostfrieslands
zur Reichsgrafschaft" (Hans. Geschichtsblätter 1883 p. 45 ff.) und „Der
Zollstreit zwischen Hamburg und Ostfriesland." (Das. 1884 p. 119 ff.)

sie enblich, erschöpft, gezwungen war, das Errungene preis=
zugeben. Wenn wir uns alle diese Momente noch einmal ver=
gegenwärtigen, so erhebt sich am Schluße wol die Frage: War
der unerfreuliche Ausgang bezeichnend für das ganze Unter=
nehmen, oder war doch etwas Dauerndes geschaffen?

Zunächst ist von vorn herein klar, daß, so lange die
Hamburger Friesland besetzt hielten, der Hanse daraus ein
unermeßlicher Vortheil erwuchs. Was man in früheren Jahr=
zehnten wieder und wieder ohne Erfolg bekämpft hatte, es war
durch das hamburgische Unternehmen mit einem Schlage be=
seitigt. Verschwunden waren die Vitalienbrüder aus Friesland,
vernichtet ihre Gönner, verstummt die Klagen, die ehemals auf
den Hansetagen fortwährend ertönten. So war der Zweck der
gewaltigen Expeditionen erreicht, und er blieb im Wesentlichen
erreicht, so lange die hamburgische Herrschaft sich behauptete.
Aber auch nachher kehrten doch die Zustände, die früher ge=
herrscht hatten, nie wieder. Der Westen Ostfrieslands, beruhigt
und zu einer Einheit verschmolzen, war keine Stätte für die
Seeräuberschaaren mehr. Anders freilich lag die Sache im
Osten. Seinetwegen hauptsächlich wäre eine längere Herrschaft
der Hamburger in Friesland wünschenswerth gewesen, hier
hätten sie noch ein gutes Stück Arbeit übrig gehabt. Denn
in diesen östlichen Gegenden, in denen die politischen Verhält=
nisse noch so schwankend waren, und es auf lange hin blieben,
fand das Seeräuberwesen bald wieder den günstigsten Boden,
was die Städte besonders empfindlich in ihren späteren Kriegen
mit Gerhard von Oldenburg merken sollten. Immerhin, mochte
auch in dieser Hinsicht Manches unerreicht geblieben sein, so
war doch der Seeraub in dem großartigen Stile, wie ihn die
Vitalienbrüder organisirt hatten, beseitigt. Die Seeräuber
standen nicht mehr, wie ehedem, als eine ausgebildete Macht
der Hanse gegenüber, sie griffen nicht mehr bestimmend in den
Gang der hansischen Politik ein.

Aber neben dieser vortheilhaften Wirkung auf die hansischen

Verhältniſſe hat das hamburgiſche Unternehmen noch eine tiefere
hiſtoriſche Bedeutung gewonnen. Sie ganz zu verſtehen, müſſen
wir noch einen flüchtigen Blick auf das fernere Schickſal Ulrichs
werfen.

Er ſah durch den Rückzug der Hamburger die eine der
drei bedeutenden Aufgaben, die das Erbe vom Bruder her
waren, gelöſt. Sogleich erfüllte er nun auch die zweite. Schon
früher hatte er, wie wir ſahen, ſich mit den vertriebenen Häupt=
lingen ausgeſöhnt, und nur der Widerſtand der Hamburger
hatte deren Rückkehr verhindert. Jetzt aber ſtand nichts mehr
im Wege: ſie erhielten ihre Güter wieder. Um überhaupt
keinen Stachel mehr zurückzulaſſen, und Alle, die einſt zu Focko
geſtanden hatten, ganz zu verſöhnen, that Ulrich dann noch
einen Schritt weiter, und heirathete Fockos Enkelin Theba.
So war denn auch nach dieſer Seite hin Alles zum Beſten
ausgeſchlagen. Nur an der dritten Aufgabe ſcheiterte Ulrichs
Thatkraft. Es iſt ihm nicht gelungen, in den öſtlichen Ländern
Ruhe und Frieden zu ſtiften, geſchweige denn, dort ſeine An=
erkennung durchzuſetzen. Auch ſeine Nachfolger haben vergebens
darum gekämpft. Nur ein kleiner Theil fiel ſpäter an die
Cirkſenas, der größere an Oldenburg, in Oſtringen aber bildete
ſich eine ſelbſtändige Herrſchaft Jever aus.

So blieb die Macht Ulrichs auf den Weſten beſchränkt.
Hier aber war er ſo durchaus Herr, daß er es nach wenigen
Jahren wagen konnte, den Kaiſer um Übertragung des Landes
als Reichslehen anzugehen. Am 1. Oktober 1464 erhob Kaiſer
Friedrich III. „Norden, Emden und Emesgonien“ zu einer
Grafſchaft Oſtfriesland und ernannte Ulrich zum erblichen Herrn
derſelben.

Damit war Oſtfriesland an dem im Laufe der Zeiten ſo
oft erſtrebten, ebenſo oft unerreichbar ſcheinenden Ziel angelangt.
Wenn auch nicht in den Grenzen des ganzen Landes, ſo hatte
ſich doch jetzt ein feſter, lebensfähiger Staatsverband heraus=
gebildet, an deſſen Spitze ein ehemaliger Häuptling als Reichs=

graf gebot. Ostfriesland entging dadurch dem Schicksal, dem
Westfriesland und Groningen verfielen, und das ihm selbst in
den Zeiten der Gährung und der Partheikämpfe wiederholt
gedroht hatte: es kam nicht an die Niederlande, es blieb deutsch.

Zu diesem Resultate aber hat auch Hamburg sein Scherf-
lein beigetragen. Ihm verdankte das Haus Cirksena einen
guten Theil seiner Macht. Denn wer will sagen, was geschehen wäre, wenn die Häuptlinge dieses Hauses in ihrem
Kampfe gegen die Parthei Fockos nicht die Hülfe der Hamburger gefunden hätten? Wer weiß, ob sie dann Emden in
ihre Gewalt bekommen hätten, ob sie stark genug gewesen wären,
einem Manne, wie Sibet zu widerstehen, ob sie sich an der
Spitze Frieslaubs hätten behaupten können? Durch engen
Anschluß an das mächtige Glied des Hansebundes und durch
kluge Benutzung seiner Mittel schufen sie die Vorbedingungen
zu dem Einheitsstaat, an desseu Spitze Ulrich, nunmehr ein
deutscher Reichsgraf, trat. So hat Hamburg unbewußt zwar,
doch nicht unwesentlich mitgewirkt, ein Stück deutscher Erbe
dem deutschen Vaterlande zu erhalten.

Beilage I.

(Zu Seite 47.)

Ein undatirter, von Friedländer[1]) in das Frühjahr 1430 gesetzter Brief ließ sich so schwer in die Ereignisse dieser Zeit einreihen, daß ein Zweifel an diesem Datum berechtigt schien. Bei genauerer Untersuchung ergab sich in der That, daß der Brief nicht in dieses Jahr gehört. Ein rein äußerlicher Grund ist dafür entscheidend.

Sibet, der Aussteller des Briefes, unterzeichnet sich in ihm Sybet hovetling to Rustringen. So aber nannte er sich im Jahre 1430 nie mehr. Es lassen sich, wenn man allen Urkunden und Briefen, an deren Ausstellung er betheiligt ist (nur solche kommen in Betracht), nachgeht, in Bezug auf seinen Titel drei Perioden scheiden. In der ersten, die spätestens bis zum 23. Oktober 1420 reicht, nennt er sich hovetling to Rustringen, in der zweiten, bis ins Jahr 1425, hovetling in Rustringen, in der dritten endlich hovetling to (in) Rustringen ende Ostringen.

Es hängt diese Thatsache offenbar mit dem ganzen Entwicklungsgang Sibets und seiner Herrschaft zusammen.

Edo Wimken, Häuptling von Rustringen, hinterließ bei seinem Tode drei Enkel, Hayo Harldes, Sibet und Rinelt[2]). Von diesen erhielt vermuthlich Sibet das auf seine Mutter vererbte Gut Edos, d. h. den südwestlich von der Jade gelegenen Theil Rustringens, während seinen Brüdern das Erbe ihres Vaters, eines Ethelings in dem östlichen Theil Rustringens, dem sogenannten Butjabingerland, zu Theil wurde[3]). Sibet

---

[1]) I 380.
[2]) Richthofen II, p. 19.
[3]) Daf. p. 25, 26.

nun strebte banach, seine Herrschaft auch über das Butjabinger=
land auszudehnen, und gerieth dabei in seine Kämpfe mit
Bremen. In die Zeit dieser Kämpfe, in denen Sibet am
26. April 1420 das Butjabingerland Bremen überlassen mußte,
fallen unsere ersten Urkunden, an deren Ausstellung er betheiligt
ist. Er nennt sich in ihnen hovetling to Rustringen, ein
Ausdruck, der schlechthin bezeichnet, daß Sibet zu Rustringen,
in einem Theil von Rustringen, Herrschaftsrechte hat[1]).

Auf den ersten Blick ist es nun sehr auffallend, daß Sibet,
gerade nachdem Bremen das Butjabingerland an sich gerissen
hat, sich hovetling in Rustringen nennt, was offenbar
mehr als to Rustringen bedeutet und die Herrschaft über ganz
Rustringen ausdrücken soll. (Vgl., daß Keno und Ocko sich in
ihrer höchsten Machtperiode hovetling in Ostfriesland nennen.)
Allein man betrachte, wann und unter welchen Umständen der
Titel zuerst vorkommt! Es ist dies am 23. October 1420 in
dem Vertrage, den Ocko und Sibet abschließen, um die gegen=
seitigen deutschen Feinde aus Friesland zu vertreiben. Nun
ist die Bezeichnung nicht mehr auffällig. Das Bündniß richtete
sich, wie gegen Holland, so auch — und das kam für Sibet
hauptsächlich in Betracht — gegen Bremen. Sibet nimmt
nun, wo er Aussicht hat, seine Pläne verwirklicht zu sehen,
den Titel seines Anspruchs an[2]), den er mit vollem Rechte
führen konnte, als ihm nach den Erfolgen des Jahres 1424
das Butjabingerland zugesprochen wurde[3]).

Vom Mai 1425 an nennt sich Sibet dann hovetling to
(in) Rustringen ende Ostringen[4]). In Ostringen stießen

---

[1]) Friedl. 1 260, 264 (271, 272. II 1762). Die in Klammer ge=
setzten Nummern stimmen dazu, ohne daß Sibet gerade als Aussteller
erscheint.

[2]) Dasselbe Verfahren schlugen später Hisko und Imel ein. Friedl. I 362.

[3]) 280, 81, 96, 99, 301. 30 (297, 302, 305).

[4]) Einmal (Friedl. I 329) bereits kurz vorher, falls die Urkunde,
was allerdings durchaus wahrscheinlich ist, richtig datirt ist. Es folgt
darauf dann noch einmal wieder hovetling in Rustringen (330).

die Interessen Ockos und Sibets zusammen: beide beanspruchten
dort Herrschaftsrechte. In dem Vertrage, den Ocko und Sibet
1420 schlossen, gab der Letztere seine Ansprüche auf Theile
Ostringens zu Gunsten des Ersteren auf. Der Titel hovetling
to Rustringen ende Ostringen zeigt aber, daß er sie seit 1425
wieder aufgenommen hat. Es war die Zeit, in der er sich
kurz vorher von Ocko wieder abgewandt und auf Fockos Seite
gestellt hatte. So erklärt sich der Titel, den er nun, mit einer
Ausnahme, bis an sein Ende führte[1]). Diese Ausnahme findet
sich im Jahre 1427 in den Monaten April und Mai[2]), in
denen Sibet wieder nur in oder to Rustringen schreibt.
Dies erklärt sich vermuthlich daraus, daß die betreffenden Ur=
kunden sich auf einen Vertrag der Parthei Fockos, zu der Sibet
gehört, mit der Ockos beziehen, und Sibet sich so genöthigt
sieht, den Anspruch auf rechtlich Ocko gehörige Gebiete aus
seiner Titelbezeichnung fortzulassen, ja sogar Bremen gegenüber,
das zu den Schiedsrichtern gehörte, den einfachen Titel to
Rustringen anzunehmen. Seitdem aber kommt eine derartige
Aenderung nie wieder vor.

Es wird aus dieser Untersuchung klar, daß der fragliche
Brief nicht in das Jahr 1430, sondern höchstens in das Jahr
1427 fallen kann, mit größerer Wahrscheinlichkeit aber in die
Zeit vor dem 23. October 1420 zu setzen ist. Und auf diese
Zeit deutet nun auch der Inhalt hin.

Der Brief zeigt uns Sibet in einem erbitterten, noch
von seinem Großvater Edo Wimken herrührenden Streit. Wir
erfahren aus ihm, daß Sibet den Bremern zur Liebe sich zwar
dem Schiedsgerichte der Lübecker, Hamburger und Bremer
unterworfen hatte, daß aber der Schiedstag, der am vergangenen
8. September hatte stattfinden sollen, nicht zu Stande ge=
kommen war.

Nun wissen wir von einem offenen Ausbruch der Streitig=

---

[1]) Friedl. I 339, 45, 62, 70, 71, 72, 73, 407, 408, (338, 62, 84).
[2]) Das. 349, 53, 55 (346, 48).

keiten Sibets mit den Holländern in den Jahren 1429 und 1430 gar nichts, wenngleich es feststeht, daß Sibet trotz des Friedens von Briel den alten Groll nicht vergessen hatte[1]). Ganz undenkbar aber ist es, daß er in dieser Zeit die Hamburger und Lübecker, die die Freunde Oclos und seine Feinde waren, als Schiedsrichter sollte anerkannt haben. Wol aber wissen wir dieses aus der Zeit vor 1420.

In dem Recesse der zu Rostock und Lübeck vom 20. Mai bis zum 28. Juli 1417 versammelten Hansestädte ist aufgezeichnet, daß der Graf von Holland und Sibet in ihrem Streite das Schiedsgericht der Städte angerufen und ihre Klagen an Lübeck gesandt hätten; für den 24. Juni sei ein Schiedstag in Holland ausersehen, auf dem Lübeck, Hamburg und Bremen vertreten sein sollten; bis dahin wolle Sibet seine Vitalienbrüder zurückhalten[2]). Noch vor dem 24. Juni aber starb Graf Wilhelm von Holland. Trotzdem hielt man an dem Tage fest, forderte aber für den Fall, daß die Holländer denselben nun nicht rechtzeitig besenden würden, Sibet auf, noch länger den Stillstand zu halten[3]). Der Tag kam richtig nicht zu Stande. Erst am 31. August bestätigte Wilhelms Nachfolgerin Jakobäa das Schiedsgericht der drei Hansestädte, und gelobte bis zum 25. Juli 1418 Frieden: inzwischen sollte der Schiedsspruch zu Deventer abgegeben werden[4]).

Hier nun reiht sich unser Brief ganz natürlich an. Er giebt uns Auskunft über das fernere Schicksal des Schiedsgerichts. Nach ihm sollte es am 8. September (1417) zu sammentreten. Allein das ist — aus welchen Gründen wird nicht gesagt — nicht geschehen.

Daraufhin hat Sibet, sei es noch im Herbst 1417 oder im Frühjahr 1418 den Brief geschrieben, in dem er

---

[1]) Das. 407.
[2]) K. H. R. VI 397₂₅.
[3]) Das. 424, 425.
[4]) Das. 440.

Bremen darüber beruhigt, daß in seiner Fehde mit den Holländern den Hansestädten irgend ein Schaden treffen könne.

Gleichzeitig mit diesem Briefe ist dann, wie hauptsächlich
aus diplomatischen Gründen geschlossen werden muß, ein zweiter
von Sibet an Bremen geschrieben, den auch Friedländer in
dieselbe Zeit wie jenen setzt[1]).

---

[1]) Friedl. I 881.

Beilage II.

(Zu Seite 51.)

Bei Friedländer II 1700 ist ein Brief Lübecks und Ham=
burgs an die Stadt Elburg abgedruckt, der nach Nijhoffs Vor=
gang[1]) ins Jahr 1394 gesetzt ist.

Der Brief forderte den Rath von Elburg auf, nachdem
die kürzlich zu Lübeck versammelt gewesenen Städte Aussendung
von Schiffen gegen die bei Dockum geschaarten Seeräuber be=
schlossen hätten, auch seinerseits dazu beizusteuern. Nijhoff hält
es für nicht zweifelhaft, daß der Brief 1394 geschrieben sei,
bringt aber keinen irgendwie treffenden Grund dafür bei. Er
schließt es einzig und allein aus zwei ihm bekannten Akten=
stücken aus dem Jahre 1394[2]), die aber eigentlich nichts be=
weisen. Das eine derselben ist eine in Harderwijk aufgestellte
Matrikel für die einzelnen süberseeischen Städte, unter denen
sich auch Elburg befindet; das andere ist ein an Lübeck ge=
richteter Brief der holländischen Städte, der mit Bezugnahme
auf eine gewesene Tagfahrt zu Lübeck Unterstützung durch
Friedeschiffe zusagt. Daß kürzlich zu Lübeck ein Tag gehalten
ist und daß Schiffe gegen die Seeräuber ausgerüstet werden
sollen, ist das Einzige, was die beiden Aktenstücke mit dem
oben erwähnten Brief gemein haben. Beides aber sind Momente,
die unendlich häufig vorkommen, und keineswegs unbedingt auf
Zusammengehörigkeit schließen lassen.

In der That läßt sich leicht zeigen, daß die erwähnten
Tage zu Lübeck zwei ganz verschiedene sind.

Es ist ganz richtig, im Jahre 1394 hat zu Lübeck am
3. März eine Hanseversammlung stattgefunden[3]). Auf derselben

---

[1]) Bijdragen voor vaderlandsche Geschiedenis en Oudheidkunde I. p. 278.
[2]) Das. I. p. 279, 280.
[3]) K. H. R. IV. p. 161 ff.

waren vertreten Lübeck, Hamburg, Stralsund, Greifswald, Stettin, Kolberg, Thorn, Elbing, Kampen, Zirixee, Amsterdam, Riga, Dorpat, Reval, also Städte aus allen Richtungen. Man beschloß dort auch, Schiffe gegen die Seeräuber auszusenden, die sich Pfingsten sammeln und zusammen aussegeln sollten. Unzweifelhaft ist jene von Nijhoff angeführte Matrikel die Durchführung dieser zu Lübeck gefaßten Beschlüsse.

Vergleichen wir aber damit, was wir aus unserem Briefe an Elburg schließen können, fällt sofort in die Augen, daß hier ein ganz anderer Tag zu Lübeck gemeint sein muß. Es heißt in dem Briefe: „des is van ersamen Radessendeboden der ghemenen Henseftede up dessen egge landes beleghen, kortliken bijnnen Lubeke vorgabbert 2c.;" also nur die Städte up dessen egge landes waren versammelt, d. h. da der Brief von Lübeck und Hamburg geschrieben ist, die wendischen Städte, höchstens könnte man noch die ebenfalls zum Gebiet der Ostsee gehörigen preußischen und livländischen, keinesfalls aber die zur Nordsee gehörigen holländischen Städte hinzunehmen. Nirgends ist außerdem in dem Receß von 1394, wie hier in unserem Briefe, von einer Verbindung mit Junker Ocko von dem Brofe zum Zwecke des gemeinsamen Vorgehens, nirgends von zu Dockum versammelten Vitalienbrüdern die Rede. Nichts weist auf die Identität der beiden Tage hin.

Ein zweites Argument wird uns noch weiter führen. In dem Briefe wird, wie eben erwähnt, von einem gemein=samen Vorgehen mit Junker Ocko gesprochen. Junker Ocko im Jahre 1394? Zwei Ockos kennen wir, die hier in Frage kommen könnten. Der eine, Kenos Vater, war 1394 todt, der andere, Kenos Sohn, war 1394 noch gar nicht geboren. Das zeigt zur Evidenz, daß der Brief nicht in dieses Jahr gehört, es deutet uns aber auch an, daß er entweder vor 1391, dem Todesjahr des älteren Ocko, oder nach 1417, dem Jahre des Regierungsantritts des jüngeren Ocko, fällt.

Ersteres ist sehr unwahrscheinlich; denn wenn auch ver=

einzelne Vitalienbrüder sich früher in der Nordsee nachweisen lassen, so wissen wir von größeren Ansammlungen derselben und gemeinsam gegen sie unternommenen Expeditionen doch erst seit dem Jahre 1395.

Es bliebe der zweite Fall. Da weist uns nun ein Wort in dem Brief sofort auf ein bestimmtes Jahr: das Wort Dockum auf das Jahr 1422. In dieses paßt der Brief in der That vorzüglich.

Wir wissen, daß 1422 die Vitalienbrüder zu Dockum sich gesammelt, und daß Ocko sich an Hamburg und Lübeck gewandt hatte, um Hülfe zu erlangen. Es war darauf ein Tag zu Wismar gehalten worden[1]), auf dem man beschloß, Beistand zu leisten. Am Palmsonntag sollten Friedeschiffe auslaufen[2]), was jedoch wegen mancherlei Hindernisse unterblieb[3]). Ocko schrieb von Neuem[4]). Am 23. April antwortete Hamburg, sie und die Lübecker würden kommen: des beghere wij juw to wetende, bat also ballinge unse vrunde rede sind to segelende to juw to komende[5]). Daran schließt sich nun unser Brief, der vom 24. April, also dem folgenden Tage datirt ist, ganz natürlich an. Er ist genau unter denselben Verhältnissen geschrieben: die Vitalienbrüder sind zu Dockum versammelt, mit Ockos Hülfe hoffen Hamburg und Lübeck sie zu vertreiben, die Schiffe sind zur Ausfahrt bereit (. . . . welke unse vrunde up dessen dach al berede sind mid schepen). Alles stimmt aufs Beste.

Aber wo bleibt der in dem Briefe erwähnte Tag zu Lübeck? Auch dieser ist nachzuweisen, wenngleich Genaueres über ihn erst der nächste, 7. Band der Koppmannschen Hanserecesse bringen wird. Wir finden ihn erwähnt in den ham=

[1]) Friedl. I 305 Anm.
[2]) Das. 305.
[3]) Das. 305, 306.
[4]) Das. 305.
[5]) Das.

burgischen Kämmereirechnungen. Dort heißt es 1422[1]): Hogeri et Borsteld versus Wismar 66 ℔, Borsteld et Tzevena in Lubeke 65 ℔. Der Tag zu Lübeck fällt also nach dem zu Wismar, und wird demnach kurz vor der wirklichen Aus= fahrt, vermuthlich nach dem Mahnbriefe Dclos fallen. Darauf beziehen sich die Worte des Briefes „kortliken bijnnen Lubeke vergabbert." Eine Bestätigung dafür, daß hier nur die Städte up besse egge landes versammelt waren, wird, so hoffe ich, Koppmanns 7. Band bringen.

Beilage III.

(Zu Seite 70 und 76.)

Die Kosten der hamburgischen Expedition im Jahre 1433.

Bei den Kriegsrechnungen, die ich im hamburgischen Staatsarchiv benutzte, fand ich neben der weitläufigen Rechnungsablage des Jahres 1433 einen kurzen Auszug aus derselben. In knapper Zusammenfassung giebt dieser uns eine Uebersicht über die Kosten und die Erfordernisse der Expedition, und gestattet uns so, einen raschen Einblick in die Art derselben zu gewinnen. Zugleich zeigt er uns, wie der größte Theil der Kosten aufgebracht ist. Es war auffallend, daß bei Koppmann in den Kämmereirechnungen für die Unternehmung des Jahres 1433 eine verhältnißmäßig sehr geringe Summe angegeben ist. Unser Auszug theilt uns nun mit, daß der größte Theil der Auslagen durch ein Kostgeld, das aus den vier Kirchspielen der Stadt erhoben wurde, gedeckt ist.

Ich lasse den Auszug folgen.

Dit nabescrevene hebbe wy[1] utegheven.

Tho deme ersten	430 ₰ 14 β		vor spek
item vor kovlesch	171 ₰ 14 β 7 ₰		
„	700 ₰ 8 β 9 ₰		vor brod backend rogghen unde meel.
„	779 ₰ 3 β 8 ₰		vor botteren unde keze.
„	2570 ₰ 13 β		vor ber.
„	56 ₰ 11 β 4 ₰		vor bonen schrabent unde grutte.

---

[1] Die Kämmerer Bernd Gronewold und Hinrik Rotingk.

item 338 ₰ 5 β 4 ₰ vor viſcherie ſolten unbe
broghe.

" 1451 ₰ 7 β 5 ₰ vor mannigherleie bingk
utegheven.

" 106 ₰ 15 β 4 ₰, be wy her Detlef
Bremere unbe her Dide=
rik Luneborge van hebben.

" 2168 ₰ 15 β an redem gelde, dat wy
unſſen heren in Vreſch
geſand unbe van erem
overkoſten gelde betald
hebben.

" 176 ₰ —18 ₰ den ſmeden vor izerwerk.

" 1104 ₰ — 6 ₰ vor ſchepe, de vorloren
ſind, vor vracht unbe
vor der ſchepeskinder lon.

" 260 ₰ 14 β —, dat wy deme buwmeſtere
gedan hebben in redem
gelde, dar he vort mede
lond heft den tymmer=
luden, arbeides luden,
jagheren vor beer unbe
holt, dat he koſt heft
uppe den buwhoff unbe
vor holt, dat wy ſulven
koſt hebben to deme
brivende werk.

" 79 ₰ 6 β — hebbe wy gheven den
ſoldeneren to Emeden,
do ſe van hir toghen.

————————————
ſ. ſ. 10,396 ₰ 2 β 5 ₰

Wy, Bernd Gronewold unde Hinrik
Rotingk hebben entfangen uppe ben Donners=
bagh na Quasimobogeniti van beme ersten
kostgelbe ute junte Peters kerspelle   907 ℔

Item uppe ben vorscrevenen bagh
hebbe wy ute beme vorscrevenen junte Peters
kerspelle van beme anderen kostgelbe   995 ℔ entfanghen.

Item uppe ben vorscrevenen bagh
hebbe wy uthe beme vorscrevenen junte
Peters kerspelle van beme bribben kostgelbe 518 ℔ entfanghen.

s. s. 2420 ℔.

Ebenso werden bann bie an bemselben Tage erhobenen
3 Raten des Nicolaikirchspiels angeführt:

I. 1129 ℔ 8 β

II. 1204 ℔ 8 β

III.   569 ℔ 8 β

s. s. 2903 ℔ 8 β

Ebenso aus bem Katharinenkirchspiel:

I. 906 ℔

II. 966 ℔

III. 460 ℔

s. s. 2332 ℔

Ebenso enblich aus bem Jakobikirchspiel:

I. 414 ℔ 8 β

II. 452 ℔

III. 205 ℔

s. s. 1071 ℔ 8 β

s. omnium summarum de quattuor parochiis collec-
tarum 8726 ℔.

Es folgen bann noch bie Namen einiger Sölbner nebst
ber Angabe ihres Lohnes (12 β).

Beilage IV.

(Zu Seite 125 ff.)

Ueber den angeblich 1443 zu Deventer gehaltenen Tag.

Man hat bisher angenommen, 1443 hätte Herzog Philipp
von Burgund mit den Hansestädten einen Tag zu Deventer
gehalten, auf dem die vertriebenen ostfriesischen Häuptlinge,
Imel von Osterhusen und seine Leidensgefährten ihre Klagen
gegen Hamburg vorgebracht hätten. Diese Nachricht geht zurück
auf zwei kurz nach dem Tage abgefaßte, undatirte Schriftstücke,
die Beninga in seiner Chronik — Gott weiß aus welchen
Gründen — in das Jahr 1444 gesetzt hat[1]). Ihm ist Emmius gefolgt, der, aus den Schriftstücken abstrahirend, uns eine
ausführliche Erzählung giebt, und zugleich einige andere Nachrichten damit verbindet[2]). Nach diesem erzählen wiederum
Wiarda[3]) und Kopp[4]). Auch Friedländer setzt die Schriftstücke, vermuthlich nach Beningas Vorgang, in das Jahr 1444[5]).

Es läßt sich nachweisen, daß diese Datirung falsch ist.

Wenn wir zunächst, ehe wir an die Schriftstücke selbst
hinantreten, den ausführlichen Bericht des Emmius ins Auge
fassen, so wird rasch klar, daß der Tag, von dem er redet und
auf dem er die Vertriebenen auftreten läßt, gar nicht zu
Deventer stattgefunden hat. Emmius erzählt, in den Kriegen
zwischen Philipp und den Hansestädten sei ein Waffenstillstand
geschlossen worden, der jedoch neue Feindseligkeiten nicht hin-
derte. Philipp, damals in den Luxemburger Krieg verwickelt,
habe gewünscht, aus dem Waffenstillstand einen festen Frieden

---

[1]) p. 317.
[2]) p. 356.
[3]) III p. 12.
[4]) I p. 221.
[5]) I p. 565, 566.

zu machen, und erreicht, daß mit den Hansestädten 1443 eine Zusammenkunft zu Deventer zu Stande kam. Auf dieser hätten sich die Sendeboten der Städte, Philipps sowie Hollands und Seelands versammelt. Zu ihr hätten nun auch die Vertriebenen ihren Vertreter geschickt. Der Tag sei so verlaufen, daß Philipps und der Städte Boten unverrichteter Sache auseinander gingen.

Sehen wir zu, was unsere hansischen Quellen uns über diese Vorgänge mittheilen!

Aus den Hanserecessen[1]) wissen wir, daß im Jahre 1441 auf einem Tage zu Kopenhagen durch Vermittlung Christophs von Dänemark ein 10jähriger Waffenstillstand zwischen den Holländern und den wendischen Städten geschlossen wurde, während dessen 4 Schiedsrichter die Streitigkeiten schlichten sollten. Außerdem kam man überein, Pfingsten 1444 einen Tag zu Campen halten zu wollen, um hier über die Streitsachen zu sprechen[2]). Dieser Tag ist, ganz wie verabredet war, gehalten worden, und dauerte vom Mai bis zum August 1444. Er verlief fruchtlos, denn es gelang nicht, einen Frieden zwischen den Holländern und den Städten herzustellen[3]).

Wenn man diese Thatsachen mit der Erzählung des Emmius zusammenhält, so erkennt man sofort das Richtige und Falsche der letzteren. Ganz dem wahren Verlaufe gemäß weiß Emmius von dem Waffenstillstand, weiß er von einem darauf folgenden Tage, von dem man eine endgültige Beilegung der Streitigkeiten hoffte, weiß er von der Resultatlosigkeit desselben. Nur war dieser Tag nicht erst während des Waffenstillstandes von Philipp durchgesetzt, sondern bereits in Kopenhagen fest abgemacht, nur fand er nicht 1443, sondern 1444 statt, nur war er nicht zu Deventer, sondern zu Campen. Emmius selbst scheint bezüglich dieses Tages nicht so ganz mit

---

[1]) R. H. R. II p. 401 ff.
[2]) Das. 488 24.
[3]) Das. III p. 61 ff.

sich einig gewesen zu sein, denn vorsichtig drückt er sich über ihn aus „indictum Daventriae lego", womit er vermuthlich auf Beninga hindeutet.

Es ist danach klar, daß der von Beninga und Emmius erwähnte Tag zu Deventer mit dem zu Campen zusammenfällt. Wie aber steht es mit dem ersteren? Eine kritische Prüfung der beiden Schriftstücke muß uns darüber Aufschluß geben.

Das erste enthält die specialisirten Klagen der drei Vertriebenen Imel, Haro und Ailt. Es ist, wie das zweite, undatirt, und, um es gleich zu sagen, es kann unmöglich in das Jahr 1444 fallen. Folgende Erwägungen werden das zeigen.

I. Die Häuptlinge klagen, sie seien über 18 Jahre von Land und Leuten vertrieben. Fiele das Schriftstück in das Jahr 1444, so wäre demnach ihre Vertreibung im Jahre 1425 oder 1426 erfolgt. Dies ist aber nicht wahr. Sie waren in diesen Jahren auf ihren Gütern in Friesland und wandten sich allmälig der Parthei Fockos zu. Von Enno im Jahre 1430 besiegt, behielten Imel und Friedrich doch noch ihre Güter. Erst von den Hamburgern sind sie dann im Jahre 1433 oder 1434 ausgetrieben worden. Emmius erwähnt sie 1434 als vertrieben, und in unseren Urkunden verschwinden sie seit dem Herbst 1433 für mehrere Jahre, um dann als Verbannte in Holland aufzutauchen[1]). Demnach kann die Klageschrift frühestens im Winter 1451 abgefaßt sein.

II. Ferner klagen die Vertriebenen, sie hätten mit großen Kosten zwei Bevollmächtigte nach Hamburg gesandt, den Komtur von Buresmonken und Isebrant, den Pfarrer zu Norder= have, um sich zur Rechtfertigung zu erbieten. Aus Herrn Detlefs, des Bürgermeisters Munde sei ihnen die Antwort geworden, der Hamburger Rath wolle Tanne Kanken und Wiart von Olbersum als Schiedsrichter anerkennen. Allein die Hamburger seien anderen Sinnes geworden; sie hätten das

---

[1]) Vgl. oben p. 61 u. 100.

Versprechen nicht erfüllt. Wer war der nach Hamburg ge=
sandte Komtur? Emmius giebt uns seinen Namen: es war
Johann Munter. Sehen wir in den Urkunden nach, so finden
wir, daß am 10. Juni 1451 noch wie in den Vorjahren
Herr Eylart als Komtur auftritt. Dann haben wir eine
Johanniterurkunde erst wieder vom 17. März 1454, und hier
Johann Munter. Er kann also frühestens im Sommer 1451
Komtur geworden sein, und wenn das Schriftstück ihn Komtur
nennt, so beweist das, daß es nach dem Sommer 1451 ab=
gefaßt ist[1]).

Aber Emmius hat uns noch mehr, als den Namen dieses
Gesandten aufbewahrt, er hat uns die Geschichte, ganz so, wie
wir sie aus der Urkunde entnehmen, mitgetheilt. Und zwar
berichtet er sie nicht zum Jahre 1443, sondern zum Jahre 1450.

Der Rath von Groningen hat nach seiner Erzählung sich
für die Vertriebenen vergebens bei den hamburgischen Amt=
männern verwendet; nun veranlaßt er sie, die beiden Geist=
lichen zum Hamburger Rath zu senden. Diese bringen dann
die Antwort zurück, die wir auch aus der Urkunde kennen.
Es ist gar nicht daran zu zweifeln, daß der Bericht des
Emmius durchaus richtig ist und die Sendung in das Jahr
1450 fällt, denn Emmius ist über Alles, was mit Groningen
zusammenhängt stets aufs Beste unterrichtet.

III. Und weiter klagen die Vertriebenen: Die Hamburger
sind darauf in unser und unserer Freunde Land eingefallen,
Land und Leute zu berauben, wie sie es vorher gethan hatten ꝛc
Die Worte „wie sie es vorher gethan" zwingen zu der An=
nahme, daß hier von einem 2. Einfall und Krieg die Rede
ist, der dem ersten, 1433 und 1434, an die Seite gestellt
wird. Von diesem zweiten verwüstenden Krieg der Hamburger
kann aber noch gar nicht 1444, sondern erst nach 1449 die
Rede sein. 1444 waren die Hamburger seit mehreren Jahren
nicht mehr in Friesland, 1447 waren sie dorthin zum zweiten

---

[1]) Emm. p. 367. Friedl. I. 638 u. 672.

Mal zurückgekehrt, 1450 brach der verheerende Krieg mit Ulrich aus. Wenn die Vertriebenen hier von den Verwüstungen in ihren Gegenden sprechen, so ist damit höchst wahrscheinlich auf das Jahr 1452 hingewiesen, in dem der Kampf, wie wir aus Emmius und Beninga wissen, gerade dort heftig tobte[1]).

Alle drei Argumente weisen das Schriftstück mit Sicherheit in die Zeit nach 1450, das erste noch genauer nach dem Herbst 1451, das dritte vielleicht noch später. Der späteste Termin, in den es fallen könnte, ist das Frühjahr 1453; denn am 16. April dieses Jahres traten die Hamburger Emden an Ulrich ab, und dann hatte die Klage keinen Zweck mehr, da die Vertriebenen mit Ulrich längst ausgesöhnt waren.

Demnach läßt sich sagen: Die Klageschrift fällt in die Zeit vom Winter 1451 bis zum Frühjahr 1453, wahrscheinlich nach dem Sommer 1452, denn in diesem Sommer fanden die Kämpfe im Emsland statt.

Wenden wir uns jetzt der zweiten Klageschrift zu, die, was man bisher stets angenommen hat und woran man aus sprachlichen und sachlichen Gründen auch durchaus festhalten muß, mit der ersten zugleich abgefaßt ist! Auf sie geht nun, wie es scheint, die ganze Nachricht von dem Tage zu Deventer zurück. Sie berichtet uns, daß die Vertriebenen (wy) Tiart von Dockum nach Deventer gesandt haben, damit er hier „vor den gemeinen Hansestädten" die Klagen über die Hamburger vorbringe. Er habe damit begonnen, aber der Rath von Deventer habe ihm das Wort entzogen mit der Bemerkung, „alle Briefe, die die Hamburger ausschrieben, schrieben sie von wegen der gemeinen Hansestädte aus". Der Rath will damit offenbar darauf hinweisen, daß, was die Hamburger gethan hätten, eine Sache aller Hansestädte sei, zu denen auch Deventer gehöre; er faßt die Klage als Beleidigung der ganzen Hanse auf.

Nach diesem Eingang werden die Klagen, die Tiart hatte vorbringen wollen, kurz zusammengefaßt, und am Schlusse der

---

[1]) Oben p. 132 ff.

(holländische) Rath Herzog Philipps und die Räthe der holländischen Städte, an die sich das Schreiben richtet, aufgefordert, den Vertriebenen zu ihrem Rechte zu verhelfen.

Es fällt also die Anwesenheit Tiarts in Deventer, da
die Klagen doch wahrscheinlich gleich nach seinem mißlungenen
Versuch werden aufgezeichnet sein, frühestens in den Winter
1451, spätestens in das Frühjahr 1453, wahrscheinlich aber
in den Sommer 1452. Ob nun aber in Deventer damals
wirklich ein Hansetag stattgefunden hat, ob die Worte „er
klagte vor den gemeinen Hansestädten" wirklich auf einen
solchen Tag zu beziehen sind, erscheint mindestens fraglich,
wenn wir unser hansisches Material durchsehen. Wir finden
da, ebensowenig wie im Jahre 1444, die geringste Spur eines
Hansetages zu Deventer, obwol wir gerade für die in Betracht
kommenden Jahre über die holländisch-hansischen Verhältnisse
vorzüglich unterrichtet sind.

Deventer spielte damals eine große Rolle für die Hanse,
denn nach einem Beschlusse zu Lübeck im Herbst 1450 hatte
der deutsche Kaufmann Brügge verlassen und war nach Deventer übergesiedelt[1]). Hier hatten jetzt die „Alberlude des
gemenen coopmanns van der duytschen henze", von den Nieder-
ländern auch kurzweg die „Oosterlinghe" genannt, ihren Sitz,
und mit ihnen wurde in dieser Zeit, namentlich auch von
Seiten Herzog Philipps, viel unterhandelt[2]).

Wenn nun die Vertriebenen erklären, sie hätten „vor
den gemeinen Hansestädten" geklagt, wenn sie auf eine bestimmte Tagfahrt in keiner Weise hindeuten, wenn endlich eine
solche sich auch in den Jahren, um die es sich handelt, trotz
der Fülle des Materials nicht nachweisen läßt: so, meine ich,
ist es sehr wahrscheinlich, daß die Klagen über die Hamburger
einfach in einer Versammlung des zu Deventer residirenden
gemeinen Kaufmanns vorgebracht sind.

---

[1]) R. H. R. III 650₂.
[2]) Vgl. z. B. das. IV 76.

Ackermann, Physische Geographie der Ostsee. Mit einer Karte und 5 Tafeln. ℳ 10. —

Augustin, Wegweiſer für Käferſammler. 2. Aufl. Mit 360 Abbild. ℳ 3. —

Barth, Dr. H. Das Becken des Mittelmeeres. ℳ —.60,

Becker. Curhaven und das Amt Ritzebüttel. ℳ 3.60

Beschreibung der öffentlichen Anlagen für die Beleuchtung Wasserversorgung und Entwässerung der Stadt Hamburg. Mit 17 Beilagen. geb. ℳ 6.—

Brehm, Dr. A. E. Reiſe nach Habeſch. ℳ 6.—

Briefe von Benj. Constant — Görres — Goethe — Jac. Grimm — Guizot — F. H. Jacobi — Jean Paul — Klopstock — Schelling — Mad. de Staël — J. H. Voss und vielen Anderen. Auswahl aus dem handschriftlichen Nachlasse des Ch. de Villers, herausgegeben von M. Isler. ℳ 3.—

Catalog der Handschriften in der Stadtbibliothek zu Hamburg. I. Band: Hebräische Handschriften. Von Moritz Steinschneider. ℳ 6.—

Endrulat. Das Schillerfeſt in Hamburg November 1859. Mit 12 Bildern von Otto Specter. ℳ 3.—

Fölsch, Aug. Theaterbrände und die zur Verhütung derselben erforderlichen Schutzmassregeln. Mit einem Verzeichniss der abgebrannten Theater. ℳ 8.—

Frapan, Ilſe. Hamburger Novellen. 2. Auflage. Mit 6 Bildern von G. Brandt. ℳ 2.— Geb. ℳ 2.50

— Beſcheidene Liebesgeſchichten. Hamburger Novellen. Neue Folge. ℳ 2.40 Geb. ℳ 3.—

Gerichtszeitung, Hamburgiſche. Redigirt von Dr. J. Rathan. 1861 April bis 1868 März. à Qu. ℳ 3.—

Handelsgerichts-Zeitung. 1868 (April bis December) bis 1879 (No. 1—39). Mit Beiblatt à Qu. ℳ 4.50

— Regiſter zur Handelsgerichts-Zeitung, Hauptblatt, 1868 bis 1879. à ℳ 3.—

— — Beiblatt, 1868—1879. à » 3.—

Gerichtszeitung, Hanſeatiſche. Hauptblatt; Handelsrechtliche Fälle. Beiblatt: Civilrechtliche Fälle. 1880 bis 1890. Mit Beibl. à Qu. ℳ 4.50

— Regiſter zum Hauptblatt 1880—1890. à ℳ 3.—

— — zum Beiblatt 1880—1890. à » 3.—

Generalregiſter zur Handelsgerichts-Zeitung u. Hanſeatiſchen Gerichtszeitung. Hauptblatt. Handelsrechtliche Fälle. 1868 bis 1884. Von Dr. J. Semler. ℳ 24.—

Geſetze und Regulative betreffend den Zollanſchluß Hamburgs. Nebſt einem Plan der Zollgrenze. ℳ 5.40

Graeffe. Das Süßwaſſer-Aquarinm. Mit 50 Abbild. 2. Aufl. ℳ 1.50

Haarbleicher. Geschichte der deutsch-israelitischen Gemeinde in Hamburg. ℳ 3.—

Hallier. Helgoland. Nordſeeſtudien. Gebunden ℳ 3.—

— Die Vegetation auf Helgoland. Mit 4 Tafeln Abbildungen. ℳ —.75. Gebunden n. ℳ 1.—

Verlag von OTTO MEISSNER in HAMBURG.

Hamburg. Historisch-topographische und baugeschichtliche Mittheilungen. Mit 51 Abbildungen. 1868. Gebunden ℳ 3.—

Hamburg und seine Bauten mit Berücksichtig der Nachbarstädte Altona und Wandsbeck. Herausgegeben vom Architecten- und Ingenieur-Verein in Hamburg. Mit 1100 Abbildungen. 1890. 25 ℳ, auf Kupferdruckpapier 30 Mark.

Hamburg, die Stadt, die Vororte, Gemeinden, Ortschaften und selbständig benannten Gebietstheile des Hamburgischen Staates. Vom Statistischen Bureau der Steuer-Deputation. ℳ 2.—

Handbuch, statistisches, für den Hamburgischen Staat. Herausgegeben vom Statistischen Bureau der Steuer-Deputation. ℳ 4.—
— — Zweite Ausgabe. 1880. ℳ 6.—
— — Dritte Ausgabe. 1885. ℳ 4.80
— — Vierte Ausgabe. 1890. Unter der Presse.

Haring. Die Blüthezeit des englischen Drama's. ℳ 1.80

Hildebrand, Dr. Hans. Das heidnische Zeitalten in Schweden. Uebersetzt von J. Mestorf. ℳ 6.—

Kapp, Friedrich. Geschichte der Sklaverei in den vereinigten Staaten von Amerika. ℳ 5.—

Klatt. Cryptogamenflora von Hamburg. ℳ 4.50

Knorr. Der Feldzug des Jahres 1866 in West- und Süddeutschland. Mit Karten u. Beilagen. 3 Bände. ℳ 8.—

Koppmann. Hamburg. 32 Photo-Lithographien. ℳ 30.—

Krüger, Eugen. Wild und Wald. ℳ 36.—
Inhalt: Edelwild. Dammwild. Rebhühner. Schwarzwild. Dammhirsche. Otter. Fasanen. Hasen. Fuchs. Enten. Rottgänse. Rehe. Schnepfen. Edelhirsch. Kampfhähne. Dächse. Auerhahn. Drosseln. Bekassinen. Gemsen.

Labau. Gartenflora für Norddeutschland. ℳ 3.60

Lentz. Fluth und Ebbe und die Wirkungen des Windes auf den Meeresspiegel. Mit 44 Abbildungen. ℳ 8.—

Liebert. Milton. ℳ 4.50
— Ludwig Uhland. ℳ 1.—

Mähl, Joachim. Stück'schen ut be Muskist. 4 Bände. I. Tater-Mariken. II. Jean. III. Fanny. IV. Lüttj Anna. à ℳ 1.50. Geb. ℳ 2.—

Marr, W. Reise nach Central-Amerika. ℳ 3.—

Mestorf. Vorgeschichtliche Alterthümer aus Schleswig-Holstein. Mit 765 Figuren. geb. ℳ 10.—
— Die vaterländischen Alterthümer Schleswig-Holsteins. 108 Abb. ℳ 1.—
— Urnenfriedhöfe in Schleswig-Holstein. Mit 21 Figuren, 12 Tafeln und 1 Karte. ℳ 6.—
— Wiebeke Kruse, eine holsteinische Bauerntochter. Ein Blatt aus der Zeit Christiuns IV. ℳ 2.25

Müller, Dr. Die Thierornamentik im Norden. Uebersetzt von Mestorf. ℳ 5.—

Nilsson, S. Das Broncealter. Uebersetzt von Mestorf. Mit
62 Abbildungen und 5 Tafeln.   ℳ 6.—
— Das Steinalter. Mit 16 Tafeln.   ℳ 6.—
Preller, Dr. Die Käfer von Hamburg.   ℳ 2.25
Radenhausen, Isis. Der Mensch und die Welt. 4 Bände. ℳ 6.—
— Osiris. Weltgesetze in der Erdgeschichte. 3 Bände. ℳ 6.—
Redlich. Ungedruckte Jugendbriefe des Wandsbecker Boten.   ℳ 2.—
— Chiffernlexikon zu den Göttinger, Voßischen, Schillerschen und Schlegel-
Tieckschen Musenalmanachen.   ℳ 2.—
Ritter, G. H. Die Rechtssubjectivität des Hamburgischen Testaments
und die Zuschreibung auf Testamentsnamen   ℳ 2.—
Röpe. Die moderne Nibelungendichtung. Mit Rücksicht auf Geibel, Hebbel
und Jordan.   ℳ 2,40
Scholl. Die Messias-Sagen des Morgenlandes.   ℳ 3.75
Uebersichtsplan der Hamburgischen Zollgrenze. 1 : 10000.   ℳ 1.50
Uhde. Streifzüge auf dem Kriegsschauplatze. 1870. 1871.   ℳ 2.25
Undset, Dr. Ingvald. Das erste Auftreten des Eisens in Nord-
Europa. Deutsch von Mestorf. Mit 209 Holzschnitten und 500
Figuren auf 32 Tafeln.   ℳ 15.—
Weigelt. Die nordfriesischen Inseln vormals und jetzt. 2. Auflage.
  ℳ 3.—
— Zur Geschichte der neueren Philosophie. Kant, Fichte, Jacobi, Schopen-
hauer, Schelling, Hegel, Feuerbach. Zweite Ausgabe.   ℳ 4.50
Wiberg, C. F. Der Einfluss der klassischen Völker auf den Norden
durch den Handelsverkehr. Uebersetzt von Mestorf. Mit einer
Fundkarte.   ℳ 3.60
Wichmann, E. H. Hamburgische Geschichte in Darstellungen aus alter
und neuer Zeit. Mit 61 Abbildungen.   ℳ 16.— Geb. ℳ 18.—
Wienbarg, Dr. L. Geschichte Schleswigs. I. Das heroische Zeitalter.
ℳ 1.— II. Periode des Vertrags mit Christian L.   ℳ 1.20
Wildenradt, Johann v. Die Historia von Herrn Hartwig und der treuen
Else. 3. Aufl.   ℳ 4.— Geb. ℳ 5.—
  Diese Dichtung führt den Leser in das Land der Dithmarsen und
schildert an der Hand historischer Begebenheiten Land und Leute, Sitten
und Gebräuche des alten Freistaats um das Jahr 1500, abschließend
mit dem gewaltigen Freiheitskampf der Dithmarsen gegen das dreifach
stärkere Heer des Dänenkönigs Hans und des Herzogs Friedrich I. von
Gottorp, welches am 17. Februar 1500 in der Schlacht bei Hemming-
stedt nahezu vernichtet wurde.
Wohlwill, Dr. Geschichte des Elsaßes in kurzer Uebersicht. 2. Auflage.
  ℳ —.60
— Weltbürgerthum und Vaterlandsliebe der Schwaben, insbesondere von
1789 bis 1815.   ℳ 2.—
Worsaae, J. J. A. Die Vorgeschichte des Nordens nach gleichzeitigen Denkmälern. Uebersetzt von Mestorf.   ℳ 3.—

Druck von Max Baumann, Hamburg.